金陵全書

丁編·文獻類

出三藏記集（二）

（南朝梁）僧祐　撰

南京出版傳媒集團
南京出版社

圖書在版編目（CIP）數據

出三藏記集 / (南朝梁) 僧祐撰. -- 南京 : 南京出版社，2021.4

（金陵全書）

ISBN 978-7-5533-3190-4

Ⅰ. ①出… Ⅱ. ①僧… Ⅲ. ①佛經－圖書目録 Ⅳ. ①Z88：B94

中國版本圖書館CIP數據核字（2021）第029208號

書　　名　【金陵全書】（丁編・文獻類）
　　　　　出三藏記集
作　　者　（南朝梁）僧祐
出版發行　南京出版傳媒集團
　　　　　南 京 出 版 社
　　　　　社址：南京市太平門街53號　　郵編：210016
　　　　　網址：http://www.njcbs.cn　　電子信箱：njcbs1988@163.com
　　　　　聯系電話：025-83283893、83283864（營銷）　025-83112257（編務）

出 版 人　項曉寧
出 品 人　盧海鳴
責任編輯　嚴行健　余世瑶
裝幀設計　楊曉崗
責任印製　楊福彬

製　　版　南京新華豐製版有限公司
印　　刷　南京凱德印刷有限公司
開　　本　889毫米×1194毫米　1/16
印　　張　56.25
版　　次　2021年4月第1版
印　　次　2021年4月第1次印刷
書　　號　ISBN　978-7-5533-3190-4
定　　價　1600.00元（全二册）

南京出版社
圖書專營店

出三藏記集序卷第九

釋僧祐撰

二十卷泥洹經記第十九　出智猛傳

摩訶鉢羅若波羅蜜經抄序第一　晉道安法師

昔在漢陰十有五載講放光經歲常再遍及至京師漸四年矣亦恒歲二未敢墮息然每至滯句首尾隱没釋卷深思恨不見護公叉羅等會建元十八年正車師前部王名彌第來朝其國師字鳩摩羅跋提獻梵天品一部四百二牒言二十千首盧首盧三十二字梵數經法也卽審數之凡十七千二百六十首盧殘二十七字都幷五十五萬二千四百七十五字天竺沙門曇摩蜱執本佛護爲譯對而檢之慧進筆

受與放光光讚同者無所更出也其二經譯人所漏
者隨其失處稱而正焉其義異不知孰是者輒併而
兩存之往往爲訓其下凡四卷其一紙二紙異者出
別爲一卷合五卷也譯梵爲秦有五失本也一者梵
語盡倒而使從秦一失本也二者梵經尚質秦人好
文傳可衆心非文不合斯二失本也三者梵經委悉
至於歎詠叮嚀反覆或三或四不嫌其煩而今裁斥
三失本也四者梵有義說正似亂辭尋說句語文無
以異或千五百刻而不存四失本也五者事已全成
將更傍及反騰前辭已乃後說而悉除此五失本也

然般若經三達之心覆面所演聖必因時俗有易而删雅古以適今時一不易也愚智天隔聖人叵階乃欲以千歲之上微言傳使合百王之下末俗二不易也阿難出經去佛未久尊者大迦葉令五百六通迭察迭書今離千年而以近意量裁彼阿羅漢乃兢兢若此此生死人而平平若此豈將不知法者勇乎斯三不易也涉茲五失經三不易譯梵爲秦詎可不慎乎正當以不聞異言傳令知會通耳何復嫌大匠之得失乎是乃未所敢知也前人出經支讖世高審得梵本難繫者也叉羅支越斲鑿之巧者也巧則巧矣

懼竅成而混沌終矣若夫以詩爲煩重以尚書爲質朴而刪令合今則馬鄭所深恨者也近出此撮欲使不雜推經言旨唯懼失實也其有方言古辭丶自爲解其下也於常首尾相違句不通者則冥如合符厭如復析乃見前人之深謬欣通外域之嘉會也於九十章蕩然無措疑處毫芒之間泯然無微疹已矣乎

南無一切佛過去未來現在佛如諸法明天竺禮般若辭也明智也外國禮有四種一闟耶二波羅南三婆南四南莫南無無屈體也跪也此四拜拜佛外道國主父母通拜耳禮父母云南無薩迦薩迦供養也

摩訶大也鉢羅若智也波羅度也蜜無極經抄天竺經無前題前題皆云吉法

吉法竟是也道安爲此首月題也

大品經序第二

長安釋僧叡

摩訶般若波羅蜜者出八地之由路登十階之龍津也夫淵府不足以盡其深美故寄大以目之水鏡未可以喻其澄朗故假慧以稱之造盡不足以得其涯極故借度以明之然則功託有無度名所以立照本靜末慧日以之生曠兼無外大稱由以起斯三名者雖義涉有流而詣得非心跡寄有用而功實非待非心故以不住爲宗非待故以無照爲本本以無照則疑知於化始宗以非心則忘功於行地故啟章玄門

以不住爲始妙歸三慧以無得爲終假號照其眞應行顯其明無生冲其用功德旌其深大明要終以驗始漚和卽始以悟終蕩蕩焉眞可謂大業者之通塗畢佛乘者之要軌也夫寶重故防深功高故校廣囑累之所以慇懃功德之所以屢增良有以也而經來玆土乃以秦言譯之典謨乖於殊制名實喪於不謹致使求之彌至而失之彌遠頓轡重關而窮路轉廣不遇淵匠殆將墜矣亡師安和尚鑿荒塗以開轍標玄指於性空落乖蹤而直達殆不以謬文爲閡也亹亹之功思過其半邁之遠矣鳩摩羅什法師慧心夙

悟超拔特詣天魔干而不能迴淵識難而不能屈扇龍樹之遺風震慧響於此世秦王感其來儀時運開其凝滯以弘始三年歲次星紀冬十二月二十日至長安秦王扣其虛關匠伯陶其淵致虛關既開乃正此文言淵致既宣而出其釋論渭濱流祇洹之化西明啟如來之心逍遙集德義之僧京城溢道詠之音末法中興將始於此乎予既知命遇此眞化敢竭微誠屬當譯任執筆之際三惟亡師五失及三不易之誨則憂懼交懷惕焉若厲雖復履薄臨深未足諭也幸冀宗匠通鑒文雖左右而旨不違中遂謹受案譯

敢當此任以弘始五年歲在癸卯四月二十三日於京城之北逍遥園中出此經法師手執梵本口宣秦言兩釋異音交辯文旨秦王躬覽舊經驗其得失諮其通途坦其宗致與諸宿舊義業沙門釋慧恭僧䂮僧遷寶度慧精法欽道流僧叡道恢道標道恒道悰等五百餘人詳其義旨審其文中然後書之以其年十二月十五日出盡校正檢括明年四月二十三日乃訖文雖粗定以釋論校之猶多不盡是以隨出其論隨而正之釋論既訖尒乃文定定之未已已有寫而傳者又有以意增損私以般若波羅蜜爲題者致

使文言舛錯前後不同良由後生虛已懷薄信我情篤故也梵本唯序品阿鞞跋致品魔事品有名餘者直第其品數而已法師以名非佛制唯存序品略其二目其事數之名與舊不同者皆是法師以義正之者也如陰入持等名與義乖故隨義改之陰爲衆入爲處持爲性解脫爲背捨除入爲勝處意止爲念處意斷爲正勤覺意爲菩提直行爲聖道諸如此比改之甚衆梵音失者正之以天竺秦言謬者定之以字義不可變者卽而書之是以異名斌然梵音殆半斯實匠者之公謹筆受之重慎也幸冀遵實崇本之賢

推而體之不以文撲見咎煩異見情也

注解大品經序第三　大梁皇帝

機事未形六畫得其悔吝玄象既運九章測其盈虛斯則鬼神不能隱其情狀陰陽不能遁其變通至如摩訶般若波羅蜜者洞達無底虛豁無邊心行處滅言語道斷不可以數術求不可以意識知非三明所能照非四辯所能論此乃菩薩之正行道場之直路還源之眞法出要之上首本來不然畢竟空寂寄大不能顯其博名慧不能庶其用假度不能機其通借岸不能窮其實若談一相事絶百非補處默然等覺

息行始迺可謂無德而稱以無名相作名相説導涉求之意開新發之眼故有般若之字彼岸之號頃者學徒罕有尊重或時聞聽不得經味帝釋誠言信而有徵此實賢衆之百慮菩薩之魔事故唱愈高和愈寡知愈希道愈貴致使正經沉匱於世寔由虛已情少懐疑者多虛已少則是我之見深懐疑多則横構之慮繁然則雖繁慮紛紜不出四種一謂此經非是究竟多引涅槃以爲碩訣二謂此經未是會三咸誦法華以爲盛難三謂此經三乘通教所説般若卽聲聞法四謂此經是階級行於漸教中第二時説舊義

如斯迺無是非較略四意粗言所懷涅槃是顯其果德般若是明其因行顯果則以常住佛性爲本明因則以無生中道爲宗以世諦言說是涅槃是般若以第一義諦言說豈可復得談其優劣法華會三以歸一則三遣而一存一存未免乎相故以萬善爲乘體般若即三而不三則三遣而一亡然無法之可得故以無生爲乘體無生絶於戲論竟何三之可會所謂百花異色共成一陰萬法殊相同入般若言三乘通教多執二文今復開五意以增所疑一聲聞若智若斷皆是菩薩無生法忍二三乘學道宜聞般若三三

乘同學般若俱成菩提四三乘欲住欲證不離是忍五羅漢辟支從般若生於此五義不善分別堅著三乘教同一門遂令朱紫共色珉玉等價若明察此說深求經旨連環既解弄九自息謂第二時是亦不然人心不同皆如其面根性差別復過於此非可局以一教限以五時般若無生非去來相豈以數量拘寧可以次第求始於道樹終於雙林初中後時常說智慧復何可得名爲漸教釋論言須菩提聞法華經中說於佛所作少功德乃至戲笑漸漸必當作佛又聞阿鞞跋致品中有退不退又復聞聲聞人皆當作佛

是故今問爲畢定爲不畢定以此而言去之彌遠夫學出離非求語言應定觀道以正宗致三乘不分依何義說相與無相有如水火二性相違豈得共貫雖一切聖人以無爲法三乘入空其行各異聲聞以壞緣觀觀生滅空緣覺以因緣觀觀法性空菩薩以無生觀觀畢竟空此則淄澠殊味涇渭分流非可以口勝非可以力爭欲及弱喪忩斯何適值大寶而不取遇深經而不求亦何異窮子反走於宅中獨姥掩目於道上此迺惑行之常性迷途之恒心但好龍而觀畫愛象而翫迹荆山可爲流慟法水所以大悲經譬

兔馬論喻鹿犀俱以一象配成三獸用渡河以測境
因圍箭以驗智格得空之淺深量相心之厚薄懸鏡
在前無待耳識離婁旣睇豈勞相者若無不思議之
理豈有不思議之事放瑞光於三千集奇蓮於十方
變金色於大地嚴華臺於虛空表舌相之不虛證般
若之眞實所以龍樹道安童壽慧遠咸以大權應世
或以殆庶救時莫不服膺上法如說修行況於細人
可離斯哉此經東漸二百五十有八歲始於魏甘露
五年至自于闐叔蘭開源彌天導江鳩摩羅什澍以
甘泉三譯五校可謂詳矣龍樹菩薩著大智論訓解

斯經義旨周備此實如意之寶藏智慧之滄海但其文遠曠每怯近情朕以聽覽餘日集名僧二十人與天保寺法寵等詳其去取靈根寺慧令等兼以筆功探採釋論以注經本略其多解取其要釋此外或捃關河舊義或依先達故語時復間出以相顯發若章門未開義勢深重則參懷同事廣其所見使質而不簡文而不繁庶令學者有過半之思講般若經者多說五時一往聽受似有條理重更研求多不相符唯仁王般若具書名部世既以爲疑經今則置而不論僧叡小品序云斯經正文凡有四種是佛異時適化

之說多者十萬偈少者六百偈略出四種而不列名釋論言般若部黨有多有少光讚放光道行止舉三名復不滿四此土別有一卷謂爲金剛般若欲以配數可得爲五旣不具得經名復不悉時之前後若以臆斷易致譏嫌此非義要請俟多聞今注大品自有五段非彼所言五時般若勸說以不住標其始命說以無教通其道願說以無得顯其行信說以甚深歎其法廣說以不盡要其終中品所以累教末章所以三屬義備後釋不復詳言設迺時曠正教處無法名猶且苦辛草澤經歷嶮遠翹心遏聽澍意希夷冀遲

玄應想像空聲輕生以重半偈賣身以尊一言甘歃血而不疑欣出髓而無悋況復龍宮神珠寶臺金牒難得之貨難聞之法遍布塔寺充牣目前豈可不伏心受持虛懷鑽仰使佛種相續菩提不斷知恩反復更無他道方以雪山匹以香城寧得同日語其優劣卒書所得懼增來過明達後進幸依法行

小品經序第四

長安釋僧叡作

般若波羅蜜經者窮理盡性之格言菩薩成佛之弘軌也軌不弘則不足以寘群異指其歸性不盡則物何以登道場成正覺正覺之所以成群異之所以一

何莫由斯道也是以累教慇懃三撫以之頻發功德疊校九增以之屢至如問相標玄而玄其玄幻品忘寄而忘其忘道行坦其津難問窮其源隨喜忘趣以要終照明不化以卽玄章雖三十貫之者道言雖十萬佩之者行行凝然後無生道足然後補處及此而變一切智也法華鏡本以凝照般若冥末以解懸解懸理趣菩薩道也凝照鏡本告其終也終而不泯則歸途扶疎有三實之跡權應不夷則亂緒紛綸有惑趣之異是以法華般若相待以期終方便實化冥一以俠盡論其窮理盡性夷明萬行則寔不如照取其

大明眞化解本無三則照不如實是故歎深則般若之功重美寔則法華之用徵此經之尊三撫三囑未足惑也有秦太子者寓跡儲宮擬韻區外翫味斯經夢想增至准悟大品深知譯者之失會聞鳩摩羅法師神授其文眞本猶存以弘始十年二月六日請令出之至四月三十日校正都訖考之舊譯眞若荒田之稼芸過其半未詎多也斯經正文凡有四種是佛異時適化廣略之說也其多者云有十萬偈少者六百偈此之大品乃是天竺之中品也隨宜之言復何必計其多少議其煩簡耶梵文雅質案本譯之於麗

巧不足樸正有餘矣幸冀文悟之賢略其華而幾其實也

大小品對比要抄序第五　晉沙門釋支道林作

夫般若波羅蜜者衆妙之淵府群智之玄宗神王之所由如來之照功其爲經也至無空豁廓然無物者也無物於物故能齊於物無智於智故能運於智是故夷三脫於重玄齊萬物於空同明諸佛之始有盡群靈之本無登十住之妙階趣無生之徑路何者耶賴其至無故能爲用夫無也者豈能無哉無不能自無理亦不能爲理理不能爲理則理非理矣無不能

自無則無非無矣是故妙階則非階無生則非生妙由乎不妙無生由乎生是以十住之稱興乎未足定號般若之智生乎教迹之名是故言之則名生設教則智存智存於物寔無迹也名生於彼理無言也何則至理冥壑歸乎無名無名無始道之體也無可不可者聖之慎也苟慎理以應動則不得不寄言宜明所以寄宜暢所以言理冥則言廢忘覺則智全若存無以求寂希智以忘心智不足以盡無寂不足以冥神何則故有存於所存有無於所無存乎存者非其存也希乎無者非其無也何則徒知無之爲無莫知

所以無知存之爲存莫知所以存希無以忘無故非
無之所無寄存以忘存故非存之所存莫若無其所
以無忘其所以存忘其所以存則無存於所存遺其
所以無則忘無於所無忘無故妙存妙存故盡無盡
無則忘玄忘玄故無心然後二迹無寄無有冥盡是
以諸佛因般若之無始明萬物之自然衆生之喪道
溺精神乎欲淵悟群俗以妙道漸積損至無設玄德
以廣教守谷神以存虛齊衆首於玄同還群靈乎本
無蓋闡出小品者道士也嘗遊外域歲數悠曩未見
典載而不詳其姓名矣嘗聞先學共傳云佛去世後

從大品之中抄出小品世傳其人唯目之以淳德驗
之以事應明其致而已亦莫測其由也夫至人也覽
通群妙凝神玄冥靈虛響應感通無方建同德以接
化設玄教以悟神述往迹以搜滯演成規以啓源或
因變以求通事濟而化息適任以全分分足則教廢
故理非乎變變非乎理教非乎體體非乎教故千變
萬化莫非理外神何動哉以之不動故應變無窮無
窮之變非聖在物物變非聖聖未始於變故教遺興
乎變理滯生乎權接應存物理致同乎歸而辭數異
乎本事備乎不同不同之功由之萬品神悟遲速莫

不緣分分闇則功重言積而後悟質明則神朗觸理
則玄暢輕之與重未始非分是以聖人之爲教不以
功重而廢分分易而存輕故群品所以悟分功所以
成必須重以運通因其宜以接分此爲悟者之功重
非聖教之有煩令統所以約教功所以全必待統以
適任約文以領玄領玄則易通因任則易從而物未
悟二本之不異統致同乎宗便以言數爲大小源流
爲精麁文約謂之小文殷爲之大順常之爲通因變
之爲舞守數之爲得領統之爲失而彼揩文之徒羈
見束教頊著阿含神匱分淺才不經宗儒墨大道域

定聖人志局文句詰教難權謂崇要爲達諒領統爲
傷宗須徵驗以明實効應則疑伏是以至人順羣情
以徵理取驗乎沸油明小品之體本塞群疑幽滯因
物之徵驗故示驗以應之今不可以趣徵於一驗目
之爲淳德効喪於事寔謂之爲常人而未達神化之
權統玄應於將來暢濟功於殊塗運無方之一致而
察殊軌爲異統觀奇化爲逆理位大寶爲欣王聚濟
貨爲欲始徒知至聖之爲教而莫知所以教是以聖
人標域三才玄定萬品教非一途應物萬方或損教
違無寄通適會或抱一御有繫文明宗崇聖典爲世

軌則夫體道盡神者不可詰之以言教遊無蹈虛者不可求之於形器是以至人於物遂通而已明乎小大之不異暢玄標之有寄因順物宜不拘小泒或以大品辭茂事廣喻引宏奧雖窮理有外終於玄同然其明宗統一會致不異斯亦大聖之時教百姓之分致苟以分致之不同亦何能求簡於聖哉若以簡不由聖豈不寄言於百姓夫以萬聲鍾響響一以持之萬物感聖聖亦寂以應之是以聲非乎響言非乎聖明矣且神以知來夫知來者莫非其神也機動則神朗神朗則逆鑒明夫來往常在鑒内是故至人鑒將

來之希纂明才致之不並簡教迹以崇順擬群智之
分向闕之者易統知希之者易行而大品言數豐具
辭領富溢問對衍奧而理統宏邃雖玄宗易究而詳
事難備是以明夫爲學之徒須尋迹旨關其所往究
覽宗致標之與盡然後悟其所滯統其玄領或須練
紘群問明其酬對探幽研賾盡其妙致或以教衆數
溢諷讀難究欲爲寫崇供養力致無階諸如此例群
仰分狹闚者絶希是故出小品者參引王統簡領群
目筌域事數標判由宗以爲小品而辭喻清約運旨
亹亹然其往往明宗而標其會致使宏統有所於理

無損自非至精孰其明矣又察其津塗尋其妙會覽始原終研極奥旨領大品之王標備小品之玄致縹縹焉覽津乎玄味精矣盡矣無以加矣斯人也將神王於寘津群形於萬物量不可測矣宜求之於筌表寄之於玄外惟昔聞之曰夫大小品者出於本品本品之文有六十萬言今遊天竺未適於晉今此二抄亦興於于大本出者不同也而小品出之在先然斯二經雖同出於本品而時往有不同者或小品之所具大品所不載大品之所備小品之所闕所以然者或以二者之事同互相以爲賴明其本一故不並矣

而小品至略玄揔事要舉宗大品雖辭致婉巧而不喪本歸至於說者或以專句推事而不尋況旨或多以意裁不依經本故使文流相背義致同乖群義偏狹喪其玄旨或失其引統錯徵其事巧辭辯僞以爲經體雖文藻清逸而理統乖宗是以先哲出經以梵爲本小品雖抄以大爲宗推梵可以明理徵大可以驗小若苟任胸懷之所得背聖教之本旨徒常於新聲苟競於異常異常未足以徵本新聲不可以經宗而遺異常之爲談而莫知傷本之爲至傷本則失統失統則理滯理滯則或殆若以殆而不思其源困而不

尋其本斯則外不關於師資內不由於分得豈非仰資於有知自塞於所尋困蒙於所滯自窮於所通進不聞常退不研新說不依本理不經宗而忽詠先舊毀呰古人非所以爲學輔其自然者哉夫物之資生靡不有宗事之所由莫不有本宗之與本萬理之源矣本喪則理絕根朽則枝傾此自然之數也未紹不然矣於斯也徒有天然之才淵識邈世而未見大品覽其源流明其理統而欲寄懷小品率意造義欲寄其分得標顯自然希邈常流徒尚名賓而竭其才思玄格聖言趣悅羣情而乖本違宗豈相望乎大品也

哉如其不悟將恐遂其所惑以罔後生是故推考異同驗其虛實尋流窮源各有歸趣而小品引宗時有諸異或辭倒事同而不乖旨歸或取其初要廢其後致或筌次事宗倒其首尾或散在群品略撮玄要時有此事乖互不同又大品事數甚衆而辭曠浩衍本欲推求本宗明驗事旨而用思甚多勞審功又寡且稽驗廢事不覆速急是故余今所以例玄事以騈此標二品以相對明彼此之所在辯大小之有先雖理惑非深奥而事對之不同故採其所究精麁並兼研盡事迹使驗之有由故尋源以求實趣定於理宗是

以考大品之宏致驗小品之揔要搜玄没之所存求同異之所寄有在尋之有軌尒乃也貫綜首尾推步玄領究其槃結辨其凝滯使文不違旨理無負宗棲驗有寄辨不失徵且於希詠之徒浪神遊宗陶冶玄妙推尋源流關虛考寔不亦夷易乎若其域乖體極對非理標或其所寄者願俟將來摩訶薩幸爲研盡備其未詳也

正法華經記第六　　出經後記

太康七年八月十日燉煌月支菩薩沙門法護手執梵經口宣傳出正法華經二十七品授優婆塞聶承

遠張仕明張仲政共筆受竺德成竺文盛嚴威伯續
文承趙叔初張文龍陳長玄等共勸助歡喜九月二
日訖
天竺沙門竺力龜兹居士帛元信共參校元年二月
六日重覆
又元康元年長安孫伯虎以四月十五日寫素解

正法華經後記第七　未詳作者

永熙元年八月二十八日比丘康那律於洛陽寫正
法華品竟時與清戒界節優婆塞張季博董景玄劉
長武長文等手執經本詣白馬寺對與法護口校古

訓講出深義以九月大齋十四日於東牛寺中施檀大會講誦此經竟日盡夜無不咸歡重已校定

法華宗要序第八　　釋慧觀

夫本際冥湛則神根凝一涉動離淳則精麁異陳於是心轡競策塵想諍馳翳有淺深則昏明殊鏡是以從初得佛暨于此經始應物開津故三乘別流別流非眞則終期有會會必同源故其乘唯一唯一無上故謂之妙法頌曰

是乘微妙　清淨第一　於諸世間　最無有上

夫妙不可明必擬之有像像之美者蓮華爲上蓮華

之秀分陀利爲最妙萬法而爲言故喩之分陀利其爲經也明發蒙不可以語極釋權應之所由御終不可以秘深則開寔以顯宗致權應既彰則局心自廢宗致既顯則眞悟自生故能令萬流合注三乘同往同往之三會而爲一乘之始也覺慧成滿乘之盛也滅景澄神乘之終也雖以萬法爲乘然統之有主舉其宗要則慧牧其名故經以眞慧爲體妙一爲稱是以釋迦玄音始發讚佛智甚深多寶稱善歎平等大慧頌曰

爲說佛慧故　諸佛出世間　唯此一事實

餘二則非眞

然則佛慧乃一之正寔乘之體成妙之至足華之開
秀者也雖寄華宣微而道玄像表稱之曰妙而體絶
精麁頌曰

是法不可示　言詞相寂滅

二乘所以息慮補處所以絶塵唯佛與佛乃能究盡
故恒沙如來感希聲以雲萃已逝之聖振餘靈而現
證信佛法之輿區窮神之妙境其此經之謂乎此經
之謂乎觀少習歸一之言長味會通之要然緬思愈
勤而幽旨彌潛未嘗不面靈鷲以遐想臨詞句而增

懷諒由枝說差其本謬文乖其正也有外國法師鳩摩羅什超爽俊邁奇悟天拔量與海深辯流玉散繼釋蹤以嗣軌秉神火以霜燭紐頹綱於將絶拯漂溺於已淪耀此慧燈來光斯境秦弘始八年夏於長安大寺集四方義學沙門二千餘人更出斯經與衆詳究什自手執梵經口譯秦語曲從方言而趣不乖本即文之益亦已過半雖復霄雲披翳陽景俱暉未足踰也什猶謂語現而理沉事近而旨遠又釋言表之隱以應探賾之求雖冥扉未開固已得其門矣夫上善等潤靈液尚均是以仰感囑累俯慨未聞故採述

旨要流布未聞廣法輪遐軫往所未往十方同悟究暢一乘故序之云尒

法華經後序第九

僧叡法師

法華經者諸佛之秘藏衆經之實體也以華爲名者照其本也稱分陀利者美其盛也所與既玄其旨甚婉自非達識傳之罕有得其門者夫百卉藥木之英萬物實本也八萬四千法藏者道果之源也故以喻焉諸華之中蓮華最勝華而未敷名屈摩羅敷而將落名迦摩羅處中盛時名分陀利未敷喻二道將落譬泥洹榮曜獨足以喻斯典至如般若諸經深無

不極故道者以之而歸大無不該故乘者以之而濟然其大略皆以適化爲本應務之門不得不以善權爲用權之爲化悟物雖弘於寔體不足皆屬法華固其宜矣尋其幽旨恢廓宏邃所該甚遠豈徒說寔歸本畢定殊途而已耶乃寔大明覺理囊括古今云佛壽無量永劫未足以明其久也分身無數萬形不足以異其體也然則壽量定其非數分身明其無寔普賢顯其無成多寶昭其不滅夫適玄古以期今則萬世同一日卽百化以悟玄則千途無異轍夫如是者則生生未足以言期在永寂亦未可言其滅矣尋幽

宗以絶往則喪功於本無控心轡於三昧則忘期於二地經流玆土雖復垂及百年譯者昧其虛津靈關莫之或啟談者乖其准格幽跡罕得而履徒復搜研皓首並未有窺其門者秦司隸校尉左將軍安城侯姚嵩擬韻玄門宅心世表注誠斯典信詣彌至每思尋其文深識譯者之失既遇鳩摩羅法師爲之傳寫指其大歸眞若披重霄而高蹈登崐崘而俯眄矣于時聽受領悟之僧八百餘人皆是諸方英秀一時之傑也是歲弘始八年歲次鶉火

出經後記

持心經記第十

持心經太康七年三月十日燉煌開士竺法護在長安說出梵文授承遠

思益經序第十一

釋僧叡法師

此經天竺正音名毗絁沙眞諦是他方梵天殊特妙意菩薩之號也詳聽什公傳譯其名翻覆展轉意似未盡良由未備秦言名寔之變故也察其語意會其名旨當是持意非思益也直以未喻持義遂用益耳其言益者超絕殊異妙拔之稱也思者進業高勝自強不息之名也舊名持心最得其寔又其義旨舊名等御諸法梵天坦其津塗世尊照其所明普華獎其

非心文殊泯以無生落落焉眞可謂法輪再轉於閻浮法鼓重聲於宇內甘露流津於季末靈液沾潤於遐裔者矣而恭明前譯頗麗其辭仍迷其旨是使宏標乖於謬文至味淡於華豔雖復研尋彌稔而幽旨莫啟幸遇鳩摩羅什法師於關右既得更譯梵音正文言於竹帛又蒙披釋玄旨曉大歸於句下于時諮悟之僧二千餘人大齋法集之衆欣豫難遭之慶近是講肆之來未有其比于時予與道恒謬當傳寫之任輒復疏其言記其事以貽後來之賢豈期必勝其辭必盡其意耶庶以所錄之言粗可髣髴其心耳不

同時事之賢儻欲全見其高座所說之旨故具載之于文不自加其意也

維摩詰經序第十二

釋僧肇

維摩詰不思議經者蓋是窮微盡化妙絕之稱也其旨淵玄非言像所測道越三空非二乘所議超群數之表絕有心之境渺莽無爲而無不爲罔知所以然而能然者不思議也何則夫聖智無知而萬品俱照法身無像而殊形並應至韻無言而玄籍彌布冥權無謀而動與事會故能統濟群方開物成務利見天下於我無爲而惑者覩感照因謂之智觀應形則謂

之身覩玄籍便謂之言見變動乃謂之權夫道之極者豈可以形言權智而語其神域哉然羣生長寢非言莫曉道不孤運弘之由人是以如來命文殊於異方召維摩於他土爰集毗耶共弘斯道此經所明統萬行則以權智爲主樹德本則以六度爲根濟蒙惑則以慈悲爲首語宗極則以不二爲言凡此衆說皆不思議之本也至若借座燈王請飯香土手接大千室包乾像不思議之迹也然幽關難啓聖應不同非本無以垂迹非迹無以顯本本迹雖殊而不思議一也故命侍者標以爲名焉大秦天王俊神超世玄心

獨悟弘至治於萬機之上揚道化於千載之下每尋翫茲典以爲栖神之宅而恨支竺所出理滯於文常懼玄宗墜於譯人北天之運運通有在也以弘始八年歲次鶉火命大將軍常山公左將軍安城侯與義學沙門千二百人於常安大寺請羅什法師重譯正本什以高世之量冥心眞境旣盡寰中又善方言時手執梵文口自宣譯道俗虔虔一言三復陶冶精求務存聖意其文約而詣其旨婉而彰微遠之言於茲顯然余以闇短時豫聽次雖思乏參玄然庶得文意輒順所聞而爲注解略記成言述而無作庶將來君

子異世同聞焉

合維摩詰經序第十三

沙門支敏度作

蓋維摩詰經者先哲之格言弘道之宏標也其文微而婉厥旨幽而遠可謂唱高和寡故舉世罕覽然斯經梵本出自維耶離在昔漢興始流玆土于時有優婆塞支恭明逮及於晉有法護叔蘭此三賢者並博綜稽古研機極玄殊方異音兼通開解先後譯傳別爲三經同本人殊出異或辭句出入先後不同或有無離合多少各異或方言訓古字乖趣同或其文梵越其趣亦乖或文義混雜在疑似之間若此之比其

塗非一若其偏執一經則失兼通之功廣披其三則文煩難究余是以合兩令相附以明所出爲本以蘭所出爲子分章斷句使事類相從令尋之者瞻上視下讀彼案此足以釋乖迂之勞易則易知矣若能參考校異極數通變則萬流同歸百慮一致庶可以闢大通於未寤闔同異於均致若其配不相疇儻失其類者俟後明喆君子刋之從正

毘摩羅詰提經義疏序第十四　僧叡法師

此經以毗摩羅詰所說爲名者尊其人重其法也五百應眞之所稱述一切菩薩之所歎伏文殊師利對

揚之所明答普現色身之要言皆其說也借座於燈王致飯於香積接大衆於右掌內妙樂於忍界阿難之所絕塵皆其不可思議也高格邁于十地故彌勒屈之而虛已崇墉超於學境故文殊已還並未有闚其庭者法言恢廓指玄門以忘期觀品夷照揔化本以冥想落落焉聲法鼓於維耶而十方世界無不悟其希音恢恢焉感諸佛於一室而恒沙正覺無不應其虛求于始發心啓蒙於此諷詠研求以爲喉襟禀玄指於先匠亦復未識其絕往之通塞也既蒙鳩摩羅什法師正玄文摘幽指始悟前譯之傷本謬文之

乖趣耳至如以不來相爲辱來不見相爲相見未緣
法爲始神緣合法爲止心諸如此比無品不有無章
不爾然後知邊情諭詖難可以參契眞言廁懷玄悟
矣自慧風東扇法言流詠已來雖曰講肆格義迂而
乖本六家偏而不卽性空之宗以今驗之最得其寔
然鑪冶之功微恨不盡當是無法可尋非尋之不得
也何以知之此土先出諸經於識神性空明言處少
存神之文其處甚多中百二論文未及此又無通鑒
誰與正之先匠所以輟章於遐慨思決言於彌勒者
良在此也自提婆已前天竺義學之僧並無來者於

今始聞宏宗高唱敢預希味之流無不竭其聰而注其心然領受之用易存憶識之功難掌自非般若朗其聞慧揔持銘其思府焉能使機過而不遺神會而不昧者哉故因紙墨以記其文外之言借衆聽以集其成事之說煩而不簡者貴其事也質而不麗者重其意也其指微而婉其辭博而晦自非筆受胡可勝哉是以即於講次疏以爲記冀通方之賢不咎其煩而不要也

自在王經後序第十五　僧叡法師

此經以菩薩名號爲題者蓋是思益無盡意密迹諸

經之流也以其圓用無方故名自在勢無與等故稱爲王標准宏廓固非思之所及幽旨玄遠尋者莫之髣髴此土先出方等諸經皆是菩薩道行之式也般若指其虛標勇伏明其必制法華泯一衆流大哀旌其拯濟雖各有其美而未備此之所載秦大將軍尚書令常山公姚顯其懷簡到徹悟轉詣聞其名而悅之考其旨而虛襟思弘斯化廣其流津以爲斯文既布便若菩薩常住不去此世奔誠發自大心欣躍不能自替遂請鳩摩羅法師譯而出之得此二卷於菩薩希蹤卓犖之事朗然昭列矣是歲弘始九年歲次

鶉首

大涅槃經序第十六　涼州釋道朗作

大般涅槃者蓋是法身之玄堂正覺之實稱衆經之淵鏡萬流之宗極其爲體也妙存有物之表周流無窮之内任運而動見機而赴任運而動則乘靈照以御物寄言蹄以通化見機而赴則應萬形而爲像卽羣情而設教至乃形充十方而心不易慮教彌天下情不在已厠流塵蟻而弗下彌蓋群聖而不高功濟萬化而不恃明踰萬日而不居渾然與太虛同量泯然與法性爲一　夫法性以至極爲體至極則歸于無

變所以生滅不能遷其常生滅不能遷其常故其常不動非樂不能虧其樂故其樂無窮或我生於謬想非我起於因假因假存于名數故至我越名數而非無越名數而非無故能居自在之聖位而非我不能變非淨生於虛淨故眞淨水鏡於萬法水鏡於萬法故非淨不能渝是以斯經解章叙常樂我淨爲宗義之林開究玄致爲涅槃之源用能闡秘藏於未聞啓靈管以通照拯四重之瘭疽拔無間之疣贅闡秘藏則羣識之情暢審妙義之在巳啟靈管則悟玄光之潛映神珠之在體然四重無間誹謗方等斯乃衆患

之疔痟瘡疣之甚者故大涅槃以無瘡疣爲義名斯經以大涅槃爲宗目宗目舉則明統攝於衆妙言約而義備義名立則照三乘之優劣至極之有在然冥化無朕妙契無言任之沖境則理不虛運是以此經開誠言爲教本廣衆喻以會義建護法以涉初覩秘藏以窮源暢千載之固滯散靈鷲之餘疑至於理微幽蟠微于微者則諸菩薩弘郢匠之功曠舟船之濟清難雲構翻覆周密由使幽途融坦宗歸豁然是故誦其文而不疲語其義而不倦甘其味而無足飡其音而不厭始可謂微言興詠於眞丹高韻初唱于赤

縣梵音震響於聾俗眞俗巨曜於今日而寡聞之士偏執之流不量愚見敢評大聖無涯之典遂使是非興於諍論譏謗生于快心先覺不能返其迷衆聖莫能移其志方將沉弊八邪之網長淪九流之淵不亦哀哉不亦哀哉天竺沙門曇摩讖者中天竺人婆羅門種天懷秀拔領鑒明邃機辯清勝內外兼綜將乘運流化先至燉煌停止數載大沮渠河西王者至德潛著建隆王業雖形處萬機每思弘大道爲法城塹會開定西夏斯經與讖自遠而至自非至感先期孰有若玆之遇哉讖既達此以玄始十年歲次大梁十

月二十三日河西王勸請令譯識手執梵文口宣秦言其人神情既鋭而爲法殷重臨譯敬慎殆無遺隱搜研本正務存經旨唯恨梵本分離殘缺未備耳余以庸淺預遭斯運夙夜感戢欣遇良深聊試標位叙其宗格豈謂必然闚其宏要者哉

此經梵本正文三萬五千偈於此方言數減百萬言今數出者一萬餘偈如來去世後人不量愚淺抄略此經分作數分隨意增損雜以世語緣使違失本正如乳之投水下章言雖然猶勝餘經足滿千倍佛涅槃後初四十年此經於閻浮提宣通流布大明於世

四十年後隱没於地至正法欲滅餘八十年乃得行世雨大法雨自是巳後尋復隱没至于千載像教之末雖有此經人情薄淡無心敬信遂使羣邪競辯曠塞玄路當知遺法將滅之相

大涅槃經記第十七　未詳作者

此大涅槃經初十卷有五品其梵本是東方道人智猛從天竺將來暫憩高昌有天竺沙門曇無讖廣學愽見道俗兼綜遊方觀化先在燉煌河西王宿植洪業素心冥契契應王公躬統士衆西定燉煌會遇其人神解悟識請迎詣州安止內苑遣使高昌取此梵

本命讖譯出此經初分唯有五品次六品已後其本久在燉煌讖因出經下際知部黨不足訪募餘殘有梵道人應期送到此經梵本都二萬五千偈後來梵本想亦近具足但頃來國家殷猥未暇更譯遂少停滯諸可流布者經中大意宗塗悉舉無所少也今現已有十三品作四十卷爲經文句執筆者一承經師口所譯不加華飾其經初後所演佛性廣略之聞耳無相違也每自惟省雖復西垂深幸此遇遇此大典開解常滯非言所盡以諸家譯經之致大不允其旨歸疑謬後生是故竊不自辭輒作徒勞之舉冀少有

補益諮叅經師採尋前後略舉初五品爲私記餘致准之悉可領也祐尋此序與朗法師序及讖法師傳小小不同未詳孰正故復兩存

六卷泥洹記第十八　出經後記

摩竭提國巴連弗邑阿育王塔天王精舍優婆塞伽羅先見晉土道人釋法顯遠遊此土爲求法故深感其人即爲寫此大般泥洹經如來秘藏願令此經流布晉土一切衆生悉成平等如來法身義熙十三年十月一日於謝司空石所立道場寺出此方等大般泥洹經至十四年正月一日校定盡訖禪師佛大跋陀手執梵本寶雲傳譯于時座有二百五十人

二十卷泥洹記第十九　出智猛遊外國傳

智猛傳云毗耶離國有大小乘學不同帝利城次華氏邑有婆羅門氏族甚多其稟性敏悟歸心大乘博覽衆典無不通達家有銀塔縱廣八尺高三丈四龕銀像高三尺餘多有大乘經種種供養婆羅門問猛言從何來答言秦地來又問秦地有大乘學不即答皆大乘學其乃驚愕雅歎云希有將非菩薩往化耶智猛即就其家得泥洹梵本還於涼州出得二十卷

出三藏記集序卷第九

出三藏記集序　卷第九

三

北戸

出三藏記集序卷第十

梁沙門釋僧祐撰

華嚴經記第一　出經後記

華嚴經梵本凡十萬偈昔道人支法領從于闐得此三萬六千偈以晉義熙十四年歲次鶉火三月十日於揚州司空謝石所立道場寺請天竺禪師佛度跋

陀羅手執梵文譯梵爲晉沙門釋法業親從筆受時吳郡內史孟顗右衛將軍褚叔度爲檀越至元熙二年六月十日出訖凡再校梵本至大宋永初二年辛丑之歲十二月二十八日校畢

十住經合注序第二　　釋僧衛作

夫冥壑以沖虛靜用百川以之本至極以無相標玄品物以之宗故法性住湛一以居妙寂紛累以運通靈根朗圓燭以遂能乘涉動以開用然能要有資用必有本用必有本故御本則悟涉無方能要有資故悟虛則遂其通通則苞鏡六合而有無圓照塞則用

隨緣感而應必慮偏照圓則神功造極慮偏則顛覆興焉故四瀆開溢則洪川灌壑玄象差轍則三光晦曜因此而推固知運通有宗化積有本夫運通之宗因緣開其會無相極其終化積之本十道啟其謀心術兆其始故心術憑無則靈照通而大乘廓滯有則神慮塞而九宅開矣然推而極之則唯心與法別而張之則綿彰八極請辯而目焉夫萬法浩然宗一無相靈魄彌綸統極圓照斯蓋曰體用爲萬法言性虛爲無相稱動王爲心識謂靜御爲智照故滯有慮塞則曰心曰識憑靈照通則曰智曰見見者正見也始

曉之偏目也智者正偏知也體極之圓號也正見創
入轍之始正偏標體極之終四者蓋精魄彌綸水鏡
萬法雖數隨緣感然靈照常一而不變者也夫體用
無方則同寔異照故亂識爲塵穢心欲開見謂寶廓
智謂種穢心故五欲爲酖醴之室開見故三寶爲荆
石之門亂識故六塵爲幻惑之肆廓智故一切種爲
驪龍之淵四者寔萬浛浩然同寔異照雖感應交映
而宗一無相者也故識御六塵以矇性心起五欲以
昏慮見憑四諦以洗鑒智撫無相以通照然則境雖
理故心緣精魄彌綸體故靈照靈照故統名一心所

緣故揔號一法若夫名隨數變則浩然無際統以心法則未始非二故十住爲經將窮賾心術之原本遂眞悟之始辯神功啟于化彰八萬歸於圓照使靈機無隱伏之數大造無虛竊之名爾乃落滯識以反鑒貞眞慧以居宗開十道運其用恬無相遠其通合三義以廓能則表宏稱謂菩提菩提者包極十道之尊號括囊通物之妙稱乃十住啟靈照之圓極遠弘大通之逸軌故十住者靜照息機反鑒之容目者也夫所以冠大業之始唱統十地之通目表稱十住諒義存於茲焉義存於茲焉然則十住之興蓋廓明神覺

之向牖發瑩眞慧之砥礪如來反流盡源之舟輿世雄撫會誕化之天府乃衆經之宗本法藏之淵源實鑒始領終之水鏡光宣佛慧之日月者也夫致弘不可以言象窮道玄不可以名數極故文約而義豐辞婉而旨弘兆百行開于心轍啟八萬舉其一隅非夫探鉤玄賾研機孰能亢貞鑒敬於希微開扶英悟返于三隅者哉悲夫守習之迷雖服膺舊聞不翫斯要譬負日月而彌昏面玄津而莫濟矣當請引而擢焉夫舉高必詣遠致深則與玄故廓六天以妙處引法雲以勝衆蓋非勝無以抑其玄處非妙不足光其道

道光要有方玄抑必得人故位妙處以殊方則境絶衆穢開玄肆以引衆則英彥葢時處極六天則實映七珍衆舉法雲則體鏡九宅廓六變以開運朗耀世之宏觀叩三說以開興撫玄中之統韻發五情以宣到慮衆誠以彌淳迊二七以運感互交用於玄端開神轍于三轉之際兆靈覺於九識之淵匹夫衆經以比興不得同日而語開八萬以辯用焉可共劫而言非夫體包三義道揔兩端孰有若斯之弘哉孰有若斯之弘哉以此而斷其道淵矣其致玄矣夫以金剛之幽植揔神辯以居用猶曰不可究其深況自降茲

者乎然道不獨運弘必由人故令千載之下靈液有
寄焉夫外國法師鳩摩羅耆婆者挺天悟於命世邁
英風于季俗乘冥寄而孤遊因秦運以弘道撫玄節
於希聲暢微言于像外可以袪故納新非擬三益悟
宗入轍幾于過半運啟其願彌遭其會以鉛礫之質
廁南金之肆誠悟無返三之機思無稽玄之謀然存
聞賞事庚無惑焉故撫經靜慮感尋疇昔每苦其文
約而致弘言婉而旨玄使靈燭映于隱數大宗昧于
褊文神標繇是以權範玄風自茲用澆淳至于閑詣
靖唯扣膺津門則何常不遥然長慨撫頹薄以興懷

哉故遂撰記上聞略爲注釋豈曰淵鋻之待晨露蓋以伸其用巳之心耳庶後來明哲有以引而補焉

漸備經十住梵名并書叙第三　未詳作者

波牟提陀晉曰一住　維摩羅晉曰二住
波披迦羅晉曰三住　阿至摸晉曰四住
頭闍耶晉曰五住　阿比目佉晉曰六住
頭羅迦摩晉曰七住　阿遮羅晉曰八住
抄頭摩提晉曰九住　曇摩彌迦晉曰十住

漸備經晉曰十住名

第一住名悅豫　第二住名離垢

第三住名興光　第四住名輝耀
第五住名難勝　第六住名目前
第七住名玄妙　第八住名不動
第九住名善哉意　第十住名法雨

漸備經十住行
第一住今亡　第二住說戒行
第三住說十二門五通事
第四住說三十七品事　第五住說四諦事
第六住說十二因緣事　第七住說權智事
第八住說神足變化事

第九住說神足教化事

第十住亦說神足教化事

漸備經護公以元康七年出之其經有五卷五萬餘言第一卷說一住事今無此一卷今現有二住以上至十住爲十品

漸備經十住與本業大品異說事委悉於本業大品不知何以嚏於涼州昔涼州諸道士釋教道竺法彦義斯二道士並皆博學以經法爲意不知何以不集此經又亦不聞其有所說始知博聞之難爲人與顯經且亦是大經說事廣大義理幽深乃是衆經之美

望辭叙茂贍眞有奇聞而帛法巨亦是愽學道士昔
鄴中亦與周旋不知何以復不集此經又不聞其言
愽聞強記信難有護公出須賴經雖不見恒聞彥說
之張天錫更出首楞嚴故當應委於先者元康七年
十一月二十一日沙門法護在長安市西寺中出漸
備經手執梵本譯爲晉言護公菩薩人也尋其餘音
遺迹使人仰之彌遠夫諸方等無生諸三昧經類多
此公所出眞衆生之冥梯大品出來雖數十年先出
諸公略不綜習不解諸公何以爾諸公才明過人當
能留心思研心以爲至業者故當極有所得先出諸

公故恨太簡於文句殊多可恨大品填來東西諸講習無不以爲業於文句猶不同覺其轉深但才分有限思尋有極幽旨作非短思所盡然文句故可力爲方欲研之窮此一生冀有微補漸漸備經恨不得上一卷冀因緣冥中之助忽復得之漸備所說十住位分衆行各有階級目下殊異於衆經方欲根悉研尋之如今茫茫猶涉大海不知第一住中何說彼或有因緣信使君不可不持作意盡尋求之理大品上兩卷若有可尋之階亦勤以爲意護公出光讚計在放光前九年不九年當八年不知何以遂逸在涼州不行

於世尋出經時乃在長安出之而都不流行乃不知其故吾往在河北唯見一卷經後記云十七章年號日月亦與此記同但不記處所所以爲異然出經時人云聶承遠筆受帛元信沙門法虔此人皆長安人也以此推之略當必在長安出此此經梵本亦言于闐沙門祇多羅所賚來也此同如慧常等涼州來疏正似涼州出未詳其故或乃護公在長安時經未流宣唯持至涼州未能乃詳審泰元元年歲在丙子五月二十四日此經達襄陽釋慧常以酉年因此經寄牙市人康兒展轉至長安長安安法華遣人送至牙市

牙市人送達襄陽付沙門釋道安襄陽時齊僧有三百人使釋僧顯寫送與楊州道人竺法汰漸備經以泰元元年十月三日達襄陽亦是慧常等所送與光讚俱來頃南鄉間人留寫故不與光讚俱至耳首楞嚴須賴並皆與漸備俱至涼州道人釋慧常歲在壬申於內苑寺中寫此經以酉年因寄至子年四月二十三日達襄陽首楞嚴經事事多於先者非第一第二第九此章最多近三四百言許於文句極有所益須羅經亦復小多能有佳處云有五百戒不知何以不至此乃最急四部不具於大化有所闕般若經乃

以善男子善女人爲教首而戒立行之本百行之始猶樹之有根常以爲深恨若有緣便盡訪求之理先梵本有至信因之勿零落

菩薩善戒菩薩地持二經記第四　梁僧祐撰

祐尋舊錄此經十卷是宋文帝世三藏法師求那跋摩於京都譯出經文云此經名善戒名菩薩地名菩薩毗尼摩夷名如來藏名一切善法根本名安樂國名諸波羅蜜聚凡有七名第一卷先出優波離問受戒法第二卷始方有如是我聞次第列品乃至三十而復有別本題爲菩薩地經檢此兩本文句悉同唯

一兩品分品品名小小有異義亦不殊既更不見有異人重出推之應是一經而諸品亂雜前後參差菩薩地本分爲三段第一段十八品第二段有四品第三段有八品未詳兩本孰是三藏所出正本也

又菩薩地持經八卷有二十七品亦分三段第一段十八品第二段四品第三段五品是晉安帝世曇摩讖於西涼州譯出經首禮敬三寳無如是我聞似撰集佛語文中不出有異名而今此本或題云菩薩戒經或題云菩薩地經與三藏所出菩薩善戒經二文雖異五名相涉故同一記又此二經明義相類根本

似是一經異國人出故成別部也並次第明六度品名多同製辭各異祐見菩薩地經一本其第四卷第十戒品乃是地持經中戒品又少第九施品當是曝曬誤雜後人不悉便爾傳寫其本脫多恐方亂惑若細尋內題了然可見若有菩薩地經闕無第九施品者卽是誤本也

大集虛空藏無盡意三經記第五　　僧祐撰

祐尋舊錄大集經是晉安帝世天竺沙門曇摩讖於西涼州譯出有二十九卷首尾有十二段說共成一經第一瓔珞品第二陀羅尼自在王第三寶女第四

不眴第五海慧第六無言第七不可說第八虛空藏第九寶幢第十虛空目第十一寶髻第十二無盡意更不見異人別譯而今別部唯有二十四卷尋其經文餘悉同唯不可說菩薩品後寶幢分前中間闕無虛空藏所問品五卷又經唯盡寶髻菩薩品復無最末無盡意所說不可思議品四卷略無二品九卷分所餘二十卷爲二十四卷耳

又尋兩本並以海慧菩薩品爲第五越至無言菩薩品第七無第六品未詳所以

又檢錄別有太虛空藏經五卷成者卽此經虛空藏

品當是時世有益甄爲異部又別無盡意經四卷成者亦是此經末無盡意品也但護公錄復出無盡意經四卷未詳與此本同異

如來大哀經記第六　未詳作者

元康元年七月七日燉煌菩薩支法護手執梵經經名如來大哀口授聶承遠道眞正書晉言以其年八月二十三日訖護親自覆校當令大法光顯流布其有覽者疾得揔持暢澤妙法

長阿含經序第七　釋僧肇作

夫宗極絶於稱謂賢聖以之冲默玄旨非言不傳釋

迦所以致教是以如來出世大教有三約身口則防之以禁律明善惡則導之以契經演幽微則辯之以法相然則三藏之作也本於殊應會之有宗則異途同趣矣禁律律藏也四分十誦法相阿毗曇藏也四分五誦契經四阿含藏也增一阿含四分八誦中阿含四分五誦雜阿含四分十誦此長阿含四分四誦合三十經以爲一部阿含秦言法歸法歸者蓋是萬善之淵府總持之林苑其爲典也淵博弘富韞而彌曠明宣禍福賢愚之迹剖判眞僞異濟之原歷記古今成敗之數墟域二儀品物之倫道無不由法無不

在譬彼巨海百川所歸故以法歸爲名開析脩途所記長遠故以長爲目訖茲典者長迷頓曉邪正難辨顯如晝夜報應冥昧照若影響劫數雖遼近猶朝夕六合雖曠現若目前斯可謂朗大明於幽室惠五目於衆瞽不闚戶牖而智無不周矣大秦天王滌除玄覽高韻獨邁恬智交養道世俱濟每懼微言翳於殊俗以右將軍使者司隸校尉晉公姚爽質直清柔玄心超詣尊尚大法妙悟自然上特留懷每任以法事以弘始十二年歲在上章掩茂請罽賓三藏沙門佛陀耶舍出律藏四分四十卷十四年訖十五年歲在

昭陽奮若出此長阿含訖涼州沙門佛念爲譯秦國道士道含筆受時集京夏名勝沙門於第校定恭承法言敬受無差蠲華崇朴務存聖旨余以嘉遇猥參聽次雖無翼善之功而預親承之末故略記時事以示來覽焉

中阿含經序第八

釋道慈

中阿含經記云昔釋法師於長安出中阿含增一阿毘曇廣說僧伽羅叉阿毗曇心婆須蜜三法度二衆從解脫緣此諸經律凡百餘萬言並違本失旨名不當實依悕屬辭句味亦差良由譯人造次未善晉言

故使爾耳會燕秦交戰關中大亂於是良匠背世故以弗獲改正乃經數年至關東小清冀州道人釋法和罽賓沙門僧伽提和招集門徒俱遊洛邑四五年中研講遂精其人漸曉漢語然後乃知先之失也於是和乃追恨先失即從提和更出阿毘曇及廣說也自是之後此諸經律漸皆譯正唯中阿含僧伽羅叉婆須蜜從解脫緣未更出耳會僧伽提和進遊京師應運流化法施江左于時晉國大長者尚書令衛將軍東亭侯優婆塞王元琳常護持正法以爲巳任即檀越也爲出經故造立精舍延請有道釋慧持等義

學沙門四十許人施諸所安四事無乏又預請經師
僧伽羅叉長供數年然後乃以晉隆安元年丁酉之
歲十一月十日於楊州丹陽郡建康縣界在其精舍
更出此中阿含請罽賓沙門僧伽羅叉令講梵本請
僧伽提和轉梵爲晉豫州沙門道慈筆受吳國李寶
唐化共書至來二年戊戌之歲六月二十五日草本
始訖此中阿含凡有五誦都十八品有二百二十二
經合五十一萬四千八百二十五字分爲六十卷時
遇國大難未卽正書乃至五年辛丑之歲方得正寫
校定流傳其人傳譯准之先出大有不同於此二百

二十二經中若委靡順從則懼失聖旨若從本制名類多異舊則逆忤先習不恊衆情是以其人不得自專時有改本從舊名耳然五部異同孰知其正而道慈愚意怏怏於違本故諸改名者皆抄出注下新舊兩存別爲一卷與目錄相連以示於後將來諸賢令知同異得更採訪脫遇高明外國善晉梵方言者訪其得失刊之從正

增一阿含經序第九　晉釋道安作

四阿含義同中阿含首以明其指不復重序也增一阿含者比法條貫以數相次也數終十令加其一故

曰增一也且數數皆增以增爲義也其爲法也多錄禁律繩墨切厲乃度世檢括也外國巖岫之士江海之人於四阿含多詠味茲焉有外國沙門曇摩難提者兜佉勒國人也齠齔出家孰與廣聞誦二阿含溫故日新周行諸國無土不涉以秦建元二十年來詣長安外國鄉人咸皆善之武威太守趙文業求令出焉佛念譯傳曇嵩筆受歲在甲申夏出至來年春乃訖爲四十一卷分爲上下部上部二十六卷全無遺忘下部十五卷失其錄偈也余與法和共考正之僧碧僧茂助校漏失四十日乃了此年有阿城之役代

鼓近郊而正專在斯業之中全具二阿含一百卷鞞
婆沙婆和須蜜僧伽羅刹傳此五大經自法東流出
經之優者也四阿含四十應真之所集也十人撰一
部題其起盡爲録偈焉懼法留世久遺逸散落也斯
土前出諸經班班有其中者令爲二阿含各爲新録
一卷全其故目注其得失使見經尋之差易也合上
下部四百七十二經凡諸學士撰此二阿含其中往
往有律語外國不通與沙彌白衣共視也而今已後
幸共護之使與律同此乃兹邦之急者也斯諄諄之
誨幸勿藐藐聽也廣見而不知護禁乃是學士通中

創也中本起康孟祥出出大愛道品乃不知是禁經比丘尼法堪慊切眞割而去之此乃是大鄙可痛恨者也此二經有力道士乃能見當以著心焉如其輕忽不以爲意者幸我同志鳴鼓攻之可也

四阿含暮抄序第十　未詳作者

阿含暮者秦言趣無也阿難既出十二部經又採撮其要逕至道法爲四阿含暮與阿毗曇及律並爲三藏焉身毒學士以爲至德未墜於地也有阿羅漢名婆素跋陀抄其膏腴以爲一部九品四十六葉序重去複文約義豐眞可謂經之瓔鬘也百行美妙辯是

與非莫不悉載也幽輿深富行之能事畢矣有外國沙門字因提麗先賷詣前部國秘之佩身不以示人其王彌第求得諷之遂得布此余以壬午之歲八月東省先師寺廟於鄴寺令鳩摩羅佛提執梵文佛念佛護爲譯僧導曇究僧叡筆受至冬十一月乃訖此歲夏出阿毗曇冬出此經一年之中具三藏也深以自幸但恨八九之年始遇斯經恐韋編未絕不終其業耳若加數年將無大過也近勑譯人直令轉梵爲秦解方言而已經之文質所不敢易也又有懸數懸事皆訪其人爲注其下時復以意消息者爲其章章

注修妬路者其人注解别經本也其有直言修妬路者引經證非注解也

優婆塞戒經記第十一　　出經後記

太歲在丙寅夏四月二十三日河西王世子撫軍將軍錄尚書事大沮渠興國與諸優婆塞等五百餘人共於都城之內請天竺法師曇摩讖譯此在家菩薩戒至秋七月二十三日都訖秦沙門道養筆受願此功德令國祚無窮將來之世值遇彌勒初聞悟解逮無生忍十方有識咸同斯誓

菩提經注序第十二　　釋僧馥

夫萬法無相而有二諦聖人無知而有二名二諦者俗也道也二名者權也智也二名以語嘿爲稱二諦以緣性爲言緣性兩陳而其實不乖語嘿誠異而幽旨莫二故般若經曰色卽是空空卽是色見緣起爲見法也菩提經者諸佛之要藏十住之營統其文雖約而義貫衆典其旨雖玄曉然易覽猶日月麗天則羣像自明示之一隅則三方自釋也經之爲體論緣性則以二諦爲宗語玄會則以權智爲主言菩提則以無得爲玄明發意則以冥期爲妙婉約而弘深莫不備矣耆婆法師入室之秘說也親承者寡故罕行

於世家師順得之於始會余雖不敏謬聞於第五十性疎多漏故事語而書紳豈曰注解自貽來哂庶同乎我者領之文外耳

關中出禪經序第十三

僧叡法師

禪法者向道之初門泥洹之津徑也此土先出修行大小十二門大小安般雖是其事旣不根悉又無受法學者之戒蓋闕如也鳩摩羅法師以辛丑之年十二月二十日自姑藏至長安予卽以其月二十六日從受禪法旣蒙啓授乃知學准法有成修首楞嚴經云人在山中學道無師道終不成是其事也尋蒙抄

撰眾家禪要得此三卷初四十三偈是鳩摩羅羅陀法師所造後二十偈是馬鳴菩薩之所造也其中五門是婆須蜜僧伽羅叉漚波崛僧伽斯那勒比丘馬鳴羅陀禪要之中抄集之所出也六覺中偈是馬鳴菩薩修習之以釋六覺也初觀婬恚癡相及其三門皆僧伽羅叉之所撰也息門六事諸論師說也菩薩習禪法中後更依持世經益十二因緣一卷要解二卷別時撰出夫馳心縱想則情愈滯而惑愈深繫意念明則澄鑒朗照而造極彌密心如水火擁之聚之則其用彌全決之散之則其勢彌薄故論云質微則

勢重質重則勢微如地質重故勢不如水水性重故力不如火火不如風風不如心心無形故力無上神通變化八不思議心之力也心力既全乃能轉昏入明明雖愈於不明而明未全也明全在于忘照照忘然後無明非明無明非明爾乃幾乎息矣幾乎息矣慧之功也故經云無禪不智無智不禪然則禪非智不照照非禪不成大哉禪智之業可不務乎出此經後至弘始九年閏月五日重求檢校懼初受之不審差之一毫將有千里之降詳而定之輒復多有所正旣備無間然矣

廬山出修行方便禪經統序第十四　晉釋慧遠

夫三業之興以禪智爲宗雖精麤異分而階藉有方是故發軫分逵塗無亂轍革俗成務功不待積靜復所由則幽緒告微淵博難究然理不云昧庶旨統可尋試略而言禪非智無以窮其寂智非禪無以深其照則禪智之要照寂之謂其相濟也照不離寂寂不離照感則俱遊應必同趣功玄在於用交養於萬法其妙物也運群動以至壹而不有廓大象於未形而不無無思無爲而無不爲是故洗心靜亂者以之研慮悟徹入微者以之窮神也若乃將入其門機在攝

會理玄數廣道隱於文則是阿難曲承音詔遇非其
人必藏之靈府何者心無常規其變多方數無定像
待感而應是故化行天竺緘之有匠幽關莫開罕闚
其庭從此而觀理有行藏道不虛授良有以矣如來
泥曰未久阿難傳其共行弟子末田地末田地傳舍
那婆斯此三應眞咸乘至願冥契于昔功在言外經
所不辨必闇軌元匠孱焉無差其後有優波崛弱而
超悟智紛世表才高應寡觸理從簡八萬法藏所存
唯要五部之分始自於此因斯而推固知形運以廢
興自兆神用則幽步無跡妙動難尋涉麁生異可不

愼乎可不察乎自茲巳來感於事變懷其舊典者五部之學並有其人咸懼大法將頹理深其慨遂各述讚禪經以隆盛業其爲教也無數方便以求寂然寂乎唯寂其揆一耳而尋條求根者衆統本運末者寡或將暨而不至或方守而未變是故經稱滿願之德高普事之風原夫聖旨非徒全其長亦所以救其短若然五部殊業存乎其人人不繼世道或隆替廢興有時則互相升降小大之目其可定乎又達節善變出處無際晦名寄跡無聞無示若斯人者復不可以名部分旣非名部之所分亦不出乎其外別有宗明

矣每慨大教東流禪數尤寡三業無統斯道殆廢頃鳩摩耆婆宣馬鳴所述乃有此業雖其道未融蓋是爲山於一簣欣時來之有遇感寄趣於若人捨夫制勝之論而順不言之辯遂誓被僧那以至寂爲已任懷德未忘故遺訓在茲其爲要也圖大成於末象開微言而崇體悟惑色之悖德杜六門以寢患達忿競之傷性齊彼我以宅心於是異族同氣幻形告疎入深緣起見生死際尒乃闢九闗於龍津超三忍以登位垢習凝於無生形累畢於神化故曰無所從生靡所不生於諸所生而無不生今之所譯出自達摩多

羅與佛大先其人西域之俊禪訓之宗搜集經要勸發大乘弘教不同故有詳略之異達磨多羅闔衆篇於同道開一色爲恒沙其爲觀也明起不以生滅不以盡雖往復無際而未始出於如故曰色不離如如不離色色則是如如則是色佛大先以爲澄源引流固宜有漸是以始自二道開甘露門釋四義以反迷啟歸塗以領會分别陰界導以正觀暢散緣起使優劣自辨然後令原始反終妙尋其極其極非盡亦非所盡乃曰無盡入于無盡法門非夫道冠三乘智通十地孰能洞玄根於法身歸宗一於無相靜無遺照

動不離寂者哉

禪要秘密治病經記第十五　出經後記

河西王從弟大沮渠安陽侯於于闐國衢摩帝大寺從天竺比丘大乘沙門佛陀斯那其人天才特拔諸國獨步誦半億偈兼明禪法內外綜博無籍不練故世人咸曰人中師子沮渠親面稟受憶誦無滯以宋孝建二年九月八日於竹園精舍書出此經至其月二十五日訖尼慧濬爲檀越

修行地不淨觀經序第十六　慧觀法師

夫禪典之妙蓋是三乘之所遊反迷悟惑者託幽途

以啟眞城漸三業之固宅廣六度以澄神散結賊於曠野研四變以遊心焰三慧爲炬明浪中源以殊分金剛戟以練魔定慧相和以測眞如是智依定則癡妄虧而霄落定由智則七淵湛然而渟渟融九服則玄庭有階階級相乘則鑪冶成妙義之本本之有方尋根傳訓則冥一俱當雖利鈍有殊濟苦一量若契會同趣則聖性同照聖性同照則累患永遼故知禪智爲出世之妙術寔際之義標也夫禪智之爲道言約理備究析中道對治萬法善惡相乘迭轉孰止互有廢興館闚匠徹略位其宗以揆大方異世同文上

聖爲慈悲之主留法藏於千載示三乘之軌轍知會通之至階泱麁蜂於曩劫曲成衆豔之靈蟦啓典相傳以至今接有緣以八背未始失其會隨機猶掌迴所謂濬智常寂而不失照雖萬機寂化一用故能窮諸法實擬想玄扉遊忘妙極躡神光於無間者哉禪典要啓宜對之有宗若漏失根源則枝尋不全群盲失旨則上慢幽昏可不懼乎若能審其本根冥訓道成寔觀會古則萬境齊明冲途谿爾而融體玄象於無形然後知凡聖異流心行無邊然棄本尋條之上各以升降小異俱會其宗遂迷宄見隅變其津塗昏

遊長夜永與理隔不亦哀哉自頃來禪訓寔尠得其中每以殊形難保遷動不常便啟誠三寶搜求玄要依四百論扣其關旨會遇西來宗匠綜習大法尋本至終冥隅一開千載之下優曇再隆可不欣乎遂乃推究高宗承嗣之範云佛涅槃後阿難曲奉聖旨流行千載先與同行弟子摩田地摩田地傳與舍那婆斯此三應真大願弘覆冥構于昔神超事外慈在寧濟潛行救物偶會無差佛在世時有外學五通仙人往至佛所請求出家乘俗高勝志存遠寄便言若我入道智慧辯才與身子等者爾乃當於至尊法中修

習梵行佛知其本根於後百年當弘大事便答仙人
汝今出家智慧淺薄不及身子仙人卽退後百年中
其人出世奇識儁達遇物開悟遂出家學道尋得應
眞三明內照六通遠振辯才無礙摧諸異論所度人
衆其量無邊於諸法藏開託教文諸賢遂見乃有五
部之異是化運有方開濬有期五部旣舉則深淺殊
風遂有支派之別旣有其別可不究本詳而後學耶
此一部典名爲具足淸淨法場傳此法至於罽賓轉
至富若蜜羅富若蜜羅亦盡諸漏具足六通後至弟
子富若羅亦得應眞此二人於罽賓中爲第一教首

富若蜜羅去世已來五十餘年弟子去世二十餘年曇摩多羅菩薩與佛陀斯那俱共諮得高勝宣行法本佛陀斯那化行罽賓爲第三訓首有於彼來者親從其受法教誨見其涅槃其涅槃時遺教言我所化人衆數甚多入道之徒具有七百富若羅所訓爲教師者十五六人如今於西域中熾盛教化受學者衆曇摩羅從天竺來以是法要傳與婆陀羅婆陀羅與佛陀斯那佛陀斯那慇此旃丹無眞習可師故傳此法本流至東州亦欲使了其眞僞塗無亂轍咸無虛搆必加厚益斯經所云開四色爲分界一色無量緣

宗歸部律則發趣果然其猶朝陽曄首萬類影旋師子震吼則衆獸伏焉聖王輪寶諸雄悚然覽斯法界廓清虛津入有不惑處無不沉自非道超群方智鑒玄中孰能立無言之辯於靈沼之淵寄言述於七覺之林可謂無名於所名而物無不名無形於所形而物無不形無事於所事而物無不事者哉

勝鬘經序第十七　釋慧觀作

勝鬘經者蓋方廣之要略超昇之洪軌欲其爲教也創基覆簣而雲峰巳搆沖想一興而淵悟載豁言踰常訓旨越舊篇故發心希聖而神儀曜靈歸無別章

而歎德斯備誠感聲發而尊號響集然後勤心切戒曠志僧那善攝靡遺大乘斯御馳輪幽轍長驅永路期運剋終誕登玄極玄極無二故萬流歸一故曰二乘皆入一乘所謂究竟第一義乘一誠無辯而義有區分名曰義生故稱謂屢轉三五之興蓋由此也爾其奧也窮無始之前以明解惑之本究來際之味挹泥洹之妙文寡義豐彌綸群籍宇宙不足以擬其廣太虛不能以議其量淵兮其不可測也廓兮其不可極也將求本際之源追返流之極者必至於此焉司徒彭城王殖根遐劫龍現茲生依跡上台協讚皇極

而神澄世表志光玄猷聞斯幽典誠期愈曠凡厥道
俗莫不響悅請外國沙門求那跋陀羅手執正本口
宣梵音山居苦節通悟息心釋寶雲譯爲宋語德行
諸僧慧嚴等一百餘人考音詳義以定厥文大宋元
嘉十三年歲次玄枵八月十四日初轉梵輪訖于月
終公乃廣寫雲布以澤未洽將與後世同往高會道
場故略叙法要以滌同慕之懷云爾

勝鬘經序第十八　　法慈法師

勝鬘經者蓋是方等之宗極者也所以存于千載功
由人弘故得以元嘉十二年歲在乙亥有天竺沙門

名功德賢業素敦尚貫綜大乘遠載梵本來遊上京庇迹祇洹招學讚訪才雖不精絕義粗輝揚遂播斯旨乃上簡帝王于時有優婆塞何上之尸丹楊尹爲佛法檀越登集華輦敏德名望便於郡內請出此經旣會賢本心又謹傳譯字句雖質而理妙淵博殆非常情所可膺慮時竺道生義學弟子竺道攸者少習玄宗偏蒙旨訓後侍從入廬山溫故傳覆可謂助鳳耀德者也法師至元嘉十一年於講坐之上遷神異世道攸慕深情慟有若天墜於是奉訣墳壟遂遁臨川三十許載經出之後披尋反覆旣悟深旨仰而歎

曰先師昔義闇與經會但歲不待人經襲義後若明匠在世剖析幽頤者豈不使異經同文解無餘向者哉輙敢解釋兼翼宣遺訓故作注解凡有五卷時人以爲文廣義隱所以省者息心玄門至大明四年孝武皇帝以其師習有承勑出爲都邑法師慈因得諮覲粗問此經首尾又尋其注意竊謂義然今聊撮其要解撰爲二卷庶使後賢共見其旨焉

文殊師利發願經記第十九　出經後記

晉元熈二年歲在庚申於楊州鬬場寺禪師新出云外國四部衆禮佛時多誦此經以發願求佛道

賢愚經記第二十

釋僧祐新撰

十二部典蓋區別法門曠劫因緣既事照於本生智者得解亦理資於譬喻賢愚經者可謂兼此二義矣河西沙門釋曇學成德等凡有八僧結志遊方遠尋經典於于闐大寺遇般遮于瑟之會般遮于瑟者漢言五年一切大衆集也三藏諸學各弘法寶說經講律依業而教學等八僧隨緣分聽於是競習梵音析以漢義精思通譯各書所聞還至高昌乃集爲一部旣而踰越流沙賫到涼州于時沙門釋慧朗河西宗匠道業淵博揔持方等以爲此經所記源在譬喻譬

喻所明兼載善惡善惡相翻則賢愚之分也前代傳經已多譬喻故因事改名號曰賢愚焉元嘉二十二年歲在乙酉始集此經京師天安寺沙門釋弘宗者戒力堅淨志業純白此經初至隨師河西時爲沙彌年始十四親預斯集躬覩其事洎粱天監四年春秋八十有四凡六十四臈京師之第一上座也經至中國則七十年矣祐揔集經藏訪告遐邇躬往諮問面質其事宗年耆德峻心直據明故標諜爲錄以示後學焉

八吉祥記第二十一　出經後記

八吉祥經宋元嘉二十九年太歲壬辰正月三日天竺國大乘比丘釋求那跋陀羅於荊州城內譯出此經至其月六日竟使持節侍中都督荊湘雍益梁寧南北秦八州諸軍事司空荊州刺史領南蠻校尉南譙王優婆塞劉義宣爲檀越

無量義經序第二十二

荊州隱士劉虬作

無量義經者取其無相一法廣生衆教含義不貲故曰無量夫三界群生隨業而轉一極正覺任機而通流轉起滅者必在苦而希樂此叩聖之感也順通示現者亦施悲而用慈卽救世之應也根異教殊其階

戒七先爲波利等說五戒所謂人天善根一也次爲拘隣等轉四諦所謂聲聞乘二也次爲中根演十二因緣所謂緣覺乘三也次爲上根舉六波羅蜜所謂授以大乘四也衆教冥融群疑須導次說無量義經既稱得道差品復云未顯眞實使發求寔之冥機用開一極之由緒五也故法華接唱顯一除三順彼求實之心去此施權之名六也雖權開而寔現猶掩常住之正義在雙樹而臨崖乃暢我淨之玄音七也過此以往法門雖多撮其大歸數盡於此亦由衆聲不出五音之表百氏並在六家之內其無量義經

雖法華首戴其目而中夏未覩其説每臨講肆未嘗不廢談而歎想見斯文忽有武當山北丘慧表生自羌胄僞帝姚略從子國破之日爲晉軍何澹之所得數歲聰黠澹之字曰螟蛉養爲假子俄放出家便勤苦求道南北遊尋不擇夷險以齊建元三年復訪奇搜秘遠至嶺南於廣州朝亭寺遇中天竺沙門曇摩伽陀耶舍手能隸書口解齊言欲傳此經未知所授表便慇懃致請心形俱至淹歷旬朔僅得一本仍還嶠北齋入武當以今永明三年九月十八日頂戴出山見校弘通奉覿眞文欣敬兼誠詠歌不足手舞莫

宣輒虔訪宿解抽刷庸思謹立序注云
自極教應世與俗而差神道救物稱感成異玄圃已
東號曰太一罽賓以西字爲正學東國明殃慶於百
年西域辯休咎於三世希無之與修空其揆一也有
欲於無者旣無得無之分施心於空者豈有入空之
照而講求釋教者或謂會理可漸或謂入空必頓請
試言之以筌幽寄立漸者以萬事之成莫不有漸堅
冰基於履霜九成作於累土學人之入空也雖未圓
符譬如斬木去寸無寸去尺無尺三空稍登寧非漸
耶立頓者以希善之功莫過觀法性法性從緣非有

非無忘慮於非有非無理照斯一者乃曰解空存心
於非有非無境智猶二者未免於有有中伏結非無
日損之驗空上論心未有入理之効而言納羅漢於
一聽判無生於終朝是接誘之言非稱實之說妙得
非漸理固必然既二談分路兩意爭途一去一取莫
之或正尋得旨之匠起自支安支公之論無生以七
住爲道慧陰足十住則群方與能在迹斯異語照則
一安公之辯異觀三乘者始資之日稱定慧者終成
之寔錄此謂始求可隨根而三入解則其慧不二譬
喩亦云大難既夷乃無有三險路既息其化即亡此

則名一爲三非有三悟明矣生公云道品可以泥洹非羅漢之名六度可以至佛非樹王之謂斬木之喻木存故尺寸可漸無生之證生盡故其照必頓案三乘名教皆以生盡照息去有入空以此爲道不得取像於形器也

今無量義亦以無相爲本若所證實異豈曰無相若入照必同寧曰有漸非漸而云漸窞筌之虛教耳如來亦云空拳誑小兒以此度衆生微文接麤漸說或允忘象得意頓義爲長聊舉大較談者擇焉

譬喻經序第二十三　康法邃造

譬喻經者皆是如來隨時方便四說之辭敷演弘教訓誘之要牽物引類轉相證據互明善惡罪福報應皆可寤心免彼三塗如今所聞億未載一而前後所寫互多複重今復撰集事取一篇以爲十卷比次首尾皆令條別趣使易了於心無疑願率土之賢有所遵承末升福堂爲將來基

百句譬喻經記第二十四　出經前記

永明十年九月十日中天竺法師求那毗地出修多羅藏十二部經中抄出譬喻聚爲一部凡一百事天竺僧伽斯法師集行大乘爲新學者撰說此經

出三藏記集序卷第十

出三藏記集序卷第十一

梁 釋 僧 祐 撰

道地經序第一　釋道安

夫道地者應真之玄堂升仙之奧室也無本之城杳然難陟矣無爲之墻邈然難踰矣微門妙闥少闚其庭者也葢爲器也猶海與行者日酌之而不竭返精者無數而不滿其爲像也含弘靜泊綿綿若存寂寥無言辯之者幾矣怳惚無行求矣漭乎其難測聖人

有以見因華可以成寔覩末可以達本乃爲布不言之教陳無轍之軌闡止啟觀式成定諦髦彥六雙率由斯路歸精谷神於乎羨矣夫地也者包潤施毓稼穡以成鏐鐐瓊琛罔弗以載有喻止觀莫近於此故曰道地也昔在衆祐三達遐鑒八音四辯赫奕敷化識病而療聲典難算至如來善逝而大訓絕五百無著遷而靈教乖於是有三藏沙門厥名衆護仰惟諸行布在群籍俯愍發進不悉能洽祖述衆經撰要約行目其次序以爲一部二十七章其於行也要猶人首與可終身藏不可須臾下猶氣息與可終身通不

可須臾閉息閉則命殞首下則身殪若行者暫去斯法姦究之匿入矣有開士世高者安息王元子也禪國高讓納萬乘位克明俊德旼容修道越境流化爰適此邦其所傳訓淵微優邃又析護所集者七章譯爲漢文音近雅質敦兮若樸或變質從文或因質不飾皇族世高審得厥旨夫絶愛原滅榮冀息馳騁莫先於止了癡惑達九道見身幻莫首於觀大聖以是達五根登無漏揚美化易頑俗莫先於止靡不由兹也眞可謂盛德大業至矣哉行自五陰盡于成壞則是苦諦漏盡之迹也神足章者則是禪思五通之要

也五十五觀者則是四非常度三結之本也人之處
世朦昧未祛熙熙甘色如饗大牢由處穢海幽厄九
月既生迍邅罹遘百凶尋旋老死嬰苦萬端漂溺五
流莫能自返聖人深見以爲苦證遊神八路長陟永
安專精稽古則佚樂若此開情縱欲則酸毒若彼二
道顯著宜順所從石以淬璧剝堅截剛素質精潔五
色炳爛由是論之可不勉哉予生不辰值皇綱紐絕
玁狁猾夏山左蕩没避難濩澤師殞友析周爰諮謀
顧靡所詢時鴈門沙門支曇講鄴都沙門竺僧輔此
二仁者聰明有融信而好古冐嶮遠至得與酬酢尋

章察句造此訓傳希權與進者暫可微寤蚊蚋奮翼以助隨嵐蟻螘增封嵩岳之頂豈其能益於高猛哉探賾與邈唯八輩難之況末學小子庶幾茲哉然天竺聖邦道岨遼遠幽見碩儒少來周化先哲既逝來聖未至進退狼跋咨嗟涕洟故作章句伸己丹赤冀諸神通照我顒顒必枉靈趾燭謬正闕也

沙彌十慧章句序第二　嚴佛調所造

昔在佛世經法未記言出尊口弟子誦習辭約而義博說鮮而妙深佛既泥洹微言永絕猶穀水消竭日月隕墜於是衆賢共使阿難演其所聞凡所著出十

二部經其後高明各爲注說章句解故或以十數有菩薩者出自安息字世高韜弘稽古靡經不綜愍俗童蒙示以橋梁於是漢邦敷宣佛法凡厥所出數百萬言或以口解或以文傳唯沙彌十慧未聞深說夫十者數之終慧者道之本也物非數不定行非道不度其文郁郁其用亹亹廣彌三界近觀諸身調以不敏得充賢次學未浹聞行未中四夙罹凶咎遘和上憂長無過庭善誘之教悲窮自潛無所繫心於是發憤忘食因閑歷思遂作十慧章句不敢自專事喻衆經上以達道德下以慰己志創與博崇尚之賢不足

留意未升堂室者可以啓蒙焉

十法句義經序第三

道安法師

夫有欲之激百轉千化搖蕩成教亦何得一端乎是故正覺因心所遷卽名爲經邪止名正亂止名定方圓隨器合散從俗隨器故因質而立名從俗故緣對而授藥立名無常名則神道矣授藥無常藥則感而通故矣卽已不器又通其故則諸行汎然因法而結也二三至十在乎其人病有衆寡以人爲目耳譬藥分劑有單有複診脈視色投藥緣疾法參相成不其然乎自佛卽幽阿難所傳分爲三藏纂乎前緒部别

諸經小乘則爲阿含四行中阿含者數之藏府也阿毗曇者數之苑藪也其在赤澤碩儒通人不學阿毗曇者蓋闕如也夫造舟而濟者其體也安粹數而立者其業也美是故般若啓卷必數了諸法卒數以成經斯乃衆經之喉襟爲道之樞極也可不務乎可不務乎於戲前徒不忘玄數者鶖鷺子也于兹繼武有自來矣篤斯業者或不成也爰晉土者世高其儁也偉哉數學淵源流清抱德惠和播馨此域安雖希高迹末由也巳然旋焉周焉臧焉修焉未墜地也并一不惑以成積習移志蹈遠移質緣以高尚欲疲不能

也人亦有言曰聖人也者人情之積也聖由積靡爐鎚之間惡可已乎經之大例皆異說同行異說者明夫一行之歸致同行者其要不可相無則行必俱行全其歸致則同處而不新不新故頓至而不惑俱行故叢萃而不迷也所謂知異知同是乃大通既同既異是謂大備也以此察之義焉廋哉義焉廋哉夫玄覽莫美乎同異而得其門者或寡矣明白莫過乎辯數而入其室者鮮矣昔嚴調撰十慧章句康僧會集六度要目每尋其迹欣有寤焉然猶有闕文行未錄者今抄而第之名曰十法句義若其常行之注解若

昔未集之貽後同我之倫儻可察焉

三十七品經序第四

沙門竺曇無蘭撰

三十七品者三世諸佛之舟輿聲聞支佛亦皆乘之而得度三界衆生靡不載之故經曰大乘道之輿一切度天人然則三十七品或離或合在一增四法而有四意止四神足無四意斷五法則有五根五力七法無七覺意八法而有八等則爲五經也依如此比當應爲七經如此則離也而諸經多合唯一增尒耳中阿含身意止有安般出入息事將是行四意止時有亂意起者執對行藥也又諸經三十七品文辭不

同余因閑戲尋省諸經撮采事備辭巧便者差次條
貫伏其位使經體不毀而事有異同者得顯于義又
以三三昧連之乎末以具泥洹四十品五根中云四
禪四諦有目無文故復屬之於後令始涉者覽之易
悟不亦佳乎又以諸經之異者注于句末也小安般
三十七品後則次止觀律法義決三十七品後次四
諦小十二門後次三向尒爲泥洹四十品止觀四諦
成道之行不可以相無也是故集止觀三三昧四禪
四諦繫之於三十七品後欲令行者覽之易見而其
行也序二百六十五字本二千六百八十五字子二

千九百七十字凡五千九百二十字除後六行八十
字不在計中
晉泰元二十一年歲在丙申六月沙門竺曇無
蘭在楊州謝鎮西寺撰

舍利弗阿毗曇序第五　釋道標

阿毗曇秦言無比法出自八音亞聖所述作之雖簡
成命曲備重襃曠濟神要莫比眞祇洹之徵風反衆
流之宏趣然佛後闇昧競執異津或有我有法或無
我有法乖忤淳風虧掌聖道有舍利弗玄哲高悟神
貫翼從德備左面智參照來其人以爲是非之越大

猷將隱既曰像法任之益滯是以敢於佛前所聞經法親承卽集先巡隄防庡抑邪流助宣法化故其爲經也先立章以崇本後廣演以明義之體四焉問分也非問分也攝相應分也緒分也問分者寄言扣擊明夫應會非問分者假韻默通唯宣法相攝相應分者總括自他釋非相無緒分者遠述因緣以彰性空性空彰則反迷至矣非相無則相與用矣法相宣則邪觀息矣應會明則極無遺矣四體圓足二諦義備故稱無比法也此經於先出阿毗曇雖文言融通而旨格各異文載自空以明宗極故能取貴於當時而

乖軌於千載明典振於遠維四衆率介同仰是使徇有者祛妄見之惑向化者起卽隆之動迢迢焉故宜宗之遺緒也亹亹焉故歸輪之所契也此經標明曩代靈液西眇淳教彌於閬風玄問扇於東嶺惟秦天王沖姿叡聖冥根樹於既往實相結於皇極王德應符闡揚三寶聞茲典詰夢想思覽雖曰悠邈感之愈勤會天竺沙門曇摩崛多曇摩耶舍等義學來遊秦主既契宿心相與辯明經理趣起清言於名教之域散衆微於自無之境超超然誠韻外之致愔愔然覆美稱之實於是詔令傳譯然承華天哲道嗣聖躬玄

味遠流妙度淵極特體明旨遂讚其事經師本雖闇
誦誠宜謹備以秦弘始九年命書梵文至十年尋應
令出但以經趣微遠非徒關言所契苟彼此不相領
悟直委之譯人者恐津梁之要未盡於善停至十六
年經師漸閑秦語令自宣譯皇儲親管理味言意兼
了復所向盡然後筆受即復内呈上討其煩重領其
指歸故令文之者修飾義之者綴潤并校至十七年
訖若乃文外之功勝契之妙誠非所階未之能詳竝
求之衆經考之諸論新異之美自宣之於文惟法主
之寔如有表裏然原其大體有無兼用微文淵富義

旨顯灼斯誠有部之永塗大乘之靡趣先達之所宗後進之可仰標以近質綜不及遠情未能已猥參斯典希感之誠脫腹微序庶望賢哲以恕其鄙

僧伽羅刹經序第六　秦言衆護　道安法師

僧伽羅刹者須賴國人也佛去世後七百年生此國出家學道遊教諸邦至揵陀越土甄陀罽貳王師焉高明絕世多所述作此土修行經大道地經其所集也又著此經憲章世尊自始成道迄于淪虛行無巨細必因事而演遊化夏坐莫不曲備雖普耀本行度世諸經載佛起居至謂爲密今覽斯經所悟復多矣

傳其將終我若立根得力大士誠不虛者立斯樹下手援其葉而棄此身使那羅延力大象之勢無能移余如毛髮也正使就耶維者當不燋此葉言然之後便卽立終罽貳王自臨而不能動遂以巨絙象挽未始能摇卽就耶維炎葉不傷尋升兜術與彌勒大士高談彼宮將補佛處賢劫第八以建元二十年罽賓沙門僧伽跋澄賫此經本來詣長安武威太守趙文業請令出焉佛念爲譯慧嵩筆受正値慕容作難於近郊然譯出不襄余與法和對檢定之十一月三十日乃了也此年出中阿含六十卷增一阿含四十六

卷伐鼓擊柝之中而出斯一百五卷窮通不改其恬詎非先師之故迹乎

僧伽羅刹集經後記第七　　未詳作者

大秦建元二十年十一月三十日罽賓比丘僧伽跋澄於長安石羊寺口誦此經及毗婆沙佛圖羅刹翻譯秦言未精沙門釋道安朝賢趙文業研覈理趣每存妙盡遂至留連至二十一年二月九日方訖且婆須蜜經及曇摩難提口誦增一阿含并幻網經使佛念爲譯人念迺學通內外才辯多奇常疑西域言繁質謂此土好華每存瑩飾文句減其繁長安公趙郎

之所深疾窮校考定務存典骨既方俗不同許其五失梵本出此以外毫不可差五失如安公大品序所載余既預衆末聊記卷後使知釋趙爲法之至

婆須蜜集序第八　未詳作者

婆須蜜菩薩大士次繼彌勒作佛名師子如來也從釋迦文降生鞞提國爲大婆羅門梵摩渝子厥名鬱多羅父命觀佛尋侍四月具覩相表威變容止還白所見父得不還已出家學改字婆須蜜佛般涅槃後遊教周妬國槃奈園高才蓋世奔逸絶塵撰集斯經焉別七品爲一犍度盡十三犍度其所集也後四品

一揵度訓釋佛偈也凡十一品十四揵度也該羅深廣與阿毗曇竝興外國傍通大乘特明盡漏博涉十法百行之能事畢矣尋之漭然猶滄海之無涯可不謂之廣乎陟之瞠尒猶崑岳之無頂可不謂之高乎寶渚極目猒夜光之珍巖岫舉睫猒天智之玉懿乎富也何過此經外國升高座者未墜於地也集斯經已入三昧定如彈指頃神升兜術彌妬路彌妬路刀利及僧伽羅剎適彼天宮斯二三君子皆次補處人也彌妬路刀利者光炎如來也僧伽羅剎者柔仁佛也茲四大士集乎一堂對揚權智賢聖默然洋洋盈

耳不亦樂乎罽賓沙門僧伽跋澄以秦建元二十年傳此經一部來詣長安武威太守趙政文業者學不猒士也求令出之佛念譯傳跋澄難陀禘婆三人執梵本慧嵩筆受以三月五日出至七月十三日乃訖梵本十二千首盧也余與法和對校修飾武威少多潤色此經說三乘爲九品持善修行以止觀逕十六最悉每尋上人之高韻未常不忘息味也恨闚數仞之門晚懼失其宗廟之美百官之富也

阿毗曇序第九　釋道安

阿毗曇者秦言大法也衆祐有以見道果之至賾擬

性形容執乎眞像謂之大也有以道慧之至齊觀如司南察乎一相謂之法故曰大法也中阿含世尊責優陁耶曰汝致詰阿毗曇乎夫然佛以身子五法爲大阿毗曇也戒定慧各無漏佛般涅槃後迦旃延義第一也以十二部經浩傳難究撰其大法爲一部八揵度四十四品也其爲經也富莫上焉邃莫加焉要道無行而不由可不謂之富乎至德無妙而不出可不謂之邃乎富邃洽備故故能微顯闡幽也其說智也周其說根也密其說禪也悉其說道也具周則二八用各適時密則二十迭爲賓主

悉則昧淨遍遊其門具則利鈍各別其所以故爲高座者所咨嗟三藏者所鼓舞也其身毒來諸沙門莫不祖述此經憲章鞞婆沙詠歌有餘味者也然乃在八荒之外葱嶺之表雖欲從之末由見也以建元十九年罽賓沙門僧伽禘婆誦此經甚利來詣長安比丘釋法和請令出之佛念譯傳慧力僧茂筆受和理其指歸自四月二十日出至十月二十三日乃訖其人檢校譯人頗雜義辭龍蛇同淵金鍮共肆者彬彬如也和撫然恨之余亦深謂不可遂令更出夙夜匪懈四十六日而得盡定損可損者四卷爲至於事須

懸解起盡之處皆爲細其下梵本十五千七十二首

盧四十八萬二千三百四言

秦語十九萬五千二百五十言其人忘因緣一品云

言數可與十門等也周覽斯經有碩人所尚者三焉

以高座者尚其博以盡漏者尚其要以研機者尚其

客客者龍象翹鼻鳴不造耳非人中之至恬其孰能

與於此也要者八忍九斷巨細畢載非人中之至練

其孰能致於此也博者衆微衆妙六八曲備非人中

之至懿其孰能綜於此也其將來諸學者遊槃於其

中何求而不得乎

阿毗曇心序第十

未詳作者

釋和尚昔在關中令鳩摩羅跋提出此經其人不閑晉語以偈本難譯遂隱而不傳至於斷章直去修妬路及見提婆乃知有此偈以偈檢前所出又多首尾隱沒互相涉入譯人所不能傳者彬彬然是以勸令更出以晉泰元十六年歲在單閼貞于重光其年冬於潯陽南山精舍提婆自執梵經先誦本文然後乃譯爲晉語比丘道慈筆受至來年秋復重與提婆校正以爲定本時衆僧上座竺僧根支僧純等八十人地主江州刺史王凝之優婆塞西陽太守任固之爲

檀越並共勸佐而興立焉

阿毗曇心序第十一

釋慧遠法師

阿毗曇心者三藏之要頌詠歌之微言管統衆經領其宗會故作者以心爲名焉有出家開士字曰法勝淵識遠鑒探深研機龍潛赤澤獨有其明其人以爲阿毗曇經源流廣大難卒尋究非贍智宏才莫能畢綜是以探其幽致别撰斯部始自界品訖于問論凡二百五十偈以爲要解號之曰心其頌聲也擬象天樂若靈籥自發儀形群品觸物有寄若乃一吟一詠狀鳥步獸行也一弄一引類乎物情也情與類遷則

聲隨九變而成歌氣與數合則音協律呂而俱作拊之金石則百獸率舞奏之管絃則人神同感斯乃窮音聲之妙會極自然之象趣不可勝言者矣又其爲經標偈以立本述本以廣義先弘内以明外譬由根而尋條可謂美發於中暢於四肢者也發中之道要有三焉一謂顯法相以明本二謂定已性於自然三謂心法之生必俱遊而同感俱遊必同於感則照數會之相因已性定於自然則達至當之有極法相顯於眞境則知迷情之可反心本明於三觀則覩玄路之可遊然後練神達思水鏡六府洗心淨慧擬跡聖

門尋相因之數卽有以悟無推至當之極動而入微矣罽賓沙門僧伽提婆少翫玆文味之弥久兼宗匠本正關入神要其人情悟所參亦已涉其津矣會遇來遊因請令譯提婆乃手執梵本口宣晉言臨文誡懼一章三復遠亦實而重之敬愼無違然方言殊韻難以曲盡儻或失當俟之來賢幸諸明哲正其大謬

晉太元十六年出

三法度經序第十二

釋慧遠法師

三法度經者葢出四阿含四阿含則三藏之契經十二部之淵府也以三法爲統以覺法爲道開而當名

變而彌廣法雖三焉而類無不盡覺雖一焉而智無不周觀諸法而會其要辯衆流而同其源斯乃始涉之鴻漸舊學之華苑也有應眞大人厥號山賢恬思閑宇智周變通感達識之先覺愍後蒙之未悟故撰此三法因而名云自德品暨于所依凡三章九眞度斯其所作也其後有大乘居士字僧伽先以爲山賢所集雖辭旨高簡然其文猶經故仍前人章句爲之訓傳演散本文以廣其義以發事類以弘其美幽讚之功於斯乃盡自茲而後道光于世其教行焉於是振錫趣足者仰玄風而高蹈禪思入微者挹清流而

洗心高座談對之士擬之而後言傳識淵有之實由
之而瞻聞也有遊方沙門出自罽賓姓瞿曇氏字僧
伽提婆昔在本國預聞斯道雅翫神趣懷佩以遊其
人雖不親承二賢之音旨而諷味三藏之遺言志在
分德誨人不倦每至講論嗟詠有餘遠與同集勸令
宣譯提婆於是自執梵經轉爲晉言雖音不曲盡而
文不害意依實去華務存其本自昔漢興逮及有晉
道俗名賢並參懷聖典其中弘通佛教者傳譯甚衆
或文過其意或理勝其辭以此考彼殆兼先典後來
賢哲若能參通晉梵善譯方言幸復詳其大歸以裁

厥中焉

三法度經記第十三　出經後記

比丘釋僧伽先志願大乘學三藏摩訶鞞耶伽蘭兼通一切書記此三法度三品九真度撰記出此經特此福祐一切衆生令從苦得安見諦解脱

八犍度阿毗曇根犍度後别記第十四　未詳作者

斯經序曰其人忘因緣一品故闕文焉近自罽賓沙門曇摩卑闇之來經蜜川僧伽禘婆譯出此品八犍度文具也而卑云八犍度是體耳别有六足可自百萬言卑誦二足今無譯可出慨恨良深秦建元十五

年正月十九日於楊州瓦官佛圖記

鞞婆沙序第十五十四卷者

釋道安法師

阿難所出十二部經於九十日中佛意三昧之所傳也其後別其逕至小乘法爲四阿含阿難之功於斯而已迦旃延子撮其要行引經訓釋爲阿毗曇四十四品要約婉顯外國重之優波離裁之所由爲毗尼與阿毗曇四阿含並爲三藏身毒甚珍未墜於地也其後曇摩多羅刹集修行亦大行於世也又有三羅漢一名尸陀槃尼二名達悉三名鞞羅尼撰鞞婆沙廣引聖證言輒據古釋阿毗曇焉其所引據皆是大

士眞人佛印印者也達悉迷而近煩鞞羅要而近略
尸陀最折中焉其在身毒登無畏座僧中唱言何莫
由斯道也其經猶大海與深廣浩汗千寶出焉猶崑
岳與嵬峩幽藹百珍之藪資生之徒於焉斯在茲經
如是何求而不有乎有秘書郎趙政文業者好古索
隱之士也常聞外國尤重此經思存想見然乃在崑
岳之右芼野之西耼爾絕域末由也已會建元十九
年罽賓沙門僧伽跋澄諷誦此經四十二處是尸陀
槃尼所撰者也來至長安趙郎飢虛在往求令出焉
其國沙門曇無難提筆受爲梵文弗圖羅剎譯傳敏

智筆受爲此秦言趙郎正義起盡自四月出至八月二十九日乃訖梵本一萬一千七百五十二首盧長五字也凡三十七萬六千六十四言也秦語爲十六萬五千九百七十五字經本甚多其人忘失唯四十事是釋阿毗曇十門之本而分十五事爲小品迴著前以二十五事爲大品而著後此大小二品全無所損其後處是忘失之遺者令第而次之趙郎謂譯人曰爾雅有釋古釋言者明古今不同也昔來出經者多嫌梵言方質而改適今俗此政所不取也何者傳梵爲秦以不閑方言求知辭趣耳何嫌文質文質是

時手勿易之經之巧質有自來矣唯傳事不盡乃譯人之咎耳衆咸稱善斯真實言也遂案本而傳不令有損言遊字特改倒句餘盡實錄也余欣秦土忽有此經挈海移岳奄在茲域載玩載詠欲疲不能遂佐對校一月四日然後乃知大方之家富昔見之至夾也恨八九之年方闚其牖耳願欲求如意珠者必牢裝強伴勿令不周滄海之實者也

毗婆沙經序第十六　六十卷者

釋道埏作

毗婆沙者蓋是三藏之指歸九部之司南司南既准則群迷革正指歸既定則邪輪輟駕自釋迦遷暉六

百餘載時北天竺有五百應眞以爲靈燭久潜神炬
落耀含生昏喪重夢方始雖前勝迦旃延撰阿毗曇
以拯頹運而後進之賢尋其宗致儒墨競搆是非紛
然故乃澄神玄觀搜簡法相造毗婆沙抑正衆說或
即其殊辯或標之銓評理致淵曠文蹄豔博使西域
勝達之士莫不資之以鏡心鑒之以朗識而溟瀾潜
灑將洽殊方然理不虛運弘之由人大沮渠河西王
者天懷遐廓標誠冲寄雖迹纏紛務而神棲玄境用
能丘壑廊廟館第林野是使淵叟投竿巖逸來廷息
心升堂玄客入室誠詣既著理感不期有沙門道泰

才敏自天沖氣跡朗傳闢奇趣遠參異言往以漢土方等既備幽宗粗暢其所未練唯三藏九部故杖策冒嶮爰至葱西綜覽梵文義承高旨并獲其梵本十萬餘偈既達涼境王即欲令宣譯然懼寰中之固將或未盡所以側席虛襟企矚明勝時有天竺沙門浮陀跋摩周流敷化會至涼境其人開悟淵博神懷深邃研味鑽仰踰不可測遂以乙丑之歲四月中旬於涼城內苑閑豫宮寺請令傳譯理味沙門智嵩道朗等三百餘人考文詳義務存本旨除煩即寔質而不野王親屢迴御駕陶其幽趣使文當理詣片言有寄

至丁卯歲七月上旬都訖通一百卷會涼城覆没淪湮遐境所出經本零落殆盡今涼王信向發中探深幽趣故每至新異悕仰奇聞其年歲首更寫已出本六十卷令送至宋臺宣布未聞庶令日新之美敞於當時福祚之興垂于來葉挺以後緣得參聽末欣遇之誠竊不自嘿粗列時事以貽來哲

雜阿毗曇心序第十七 朱詳作者

如來泥洹數百年後有尊者法勝於佛所說經藏之中抄集事要爲二百五十偈號阿毗曇心其後復有尊者達摩多羅覽其所製以爲文體不足理有所遺

乃更搜採衆經復爲三百五十偈補其所闕號曰維
心新舊偈本凡有六百篇第之數則有十一品篇號
仍舊爲稱唯有擇品一品全異於先尊者多羅復即
自廣引諸論敷演其義事無不列列無不辨微言玄
旨於是昭著自茲之後道隆於世涉學之士莫不寶
之以爲美說於宋元嘉三年徐州刺史太原王仲德
請外國沙門伊葉波羅於彭城出之擇品之半及論
品一品有緣事起不得出竟至元嘉八年復有天竺
法師名求那跋摩得斯陀含道善練茲經來遊楊都
更從校定諮詳大義余不以闇短厠在二集之末輒

記所聞以訓章句庶於覽者有過半之益耳

後出雜心序第十八　焦鏡法師

昔如來泥洹之後於秦漢之間有尊者法勝造阿毗曇心本凡有二百五十偈以爲十品後至晉中興之世復有尊者達摩多羅更增三百五十偈以爲十一品號曰雜心十品篇目仍舊爲名唯別立擇品篇以爲異耳位序品次依四諦爲義界品直說法相以擬苦諦行業使三品多論生死之本以擬集諦賢聖所說斷結證滅之義以擬滅諦智定二品多說無漏之道以擬道諦自後諸品雜明上事更無別體也於宋

元嘉十一年甲戌之歲有外國沙門名曰三藏觀化遊此其人先於大國綜習斯經於是衆僧請令出之卽以其年九月於宋都長干寺集諸學士法師雲公譯語法師觀公筆受考校治定周年乃訖鏡以不才謬預聽末雖思不及玄而時有淺解今謹牽所聞以示後生至於折中以俟明哲於會稽始寧山徐支江精舍撰記

大智釋論序第十九

釋僧叡

夫萬有本於生生而生生者無生變化兆於物始而始始者無始然則無生無始物之性也生始不動於

性而萬有陳於外悔吝生於内者其唯邪思乎正覺有以見邪思之自起故阿含爲之作知滯有之由惑故般若爲之照然而照本希夷津涯浩汗理超文表趣絶思境以言求之則乖其深以智測之則失其旨二乘所以顛沛於三藏新學所以曝鱗於龍門者不其然乎是以馬鳴起於正法之餘龍樹生於像法之末正餘易弘故直振其遺風瑩拂而已像末多端故乃寄跡凡夫示悟物以漸又假照龍宮以朗搜玄之慧託聞幽秘以窮微言之妙爾乃憲章智典作兹釋論其開夷路也則令大乘之駕方軌而直入其辯實

相也則使妄見之惑不遠而自復其爲論也初辭擬之必標衆異以盡美卒成之終則舉無執以盡善釋所不盡則立論以明之論其未辨則寄折中以定之使靈篇無難喻之章千載悟作者之旨信若人之功矣有鳩摩羅耆婆法師者少播聰慧之聞長集奇拔之譽才舉則亢標萬里言發則英辯榮枯常仗茲論爲淵鏡憑高致以明宗以秦弘始三年歲次星紀十二月二十日自姑臧至長安秦王虛襟既已蘊在昔見之心豈徒則悅而已晤言相對則淹留終日研微造盡則窮年忘倦又以晤言之功雖深而恨獨得

之心不曠造盡之要雖玄而惜津梁之勢未普遂以莫逆之懷相與弘兼忘之惠乃集京師義業沙門命公卿賞契之士五百餘人集於渭濱逍遥園堂鑾輿佇駕於洪涘禁禦息警於林間躬覽玄章考正名於梵本諮通津要坦夷路於來践經本既定乃出此釋論論之略本有十萬偈偈有三十二字并三百二十萬言梵夏既乖又有煩簡之異三分除二得此百卷於大智三十萬言玄章婉旨朗然可見歸途直達無復惑趣之疑以文求之無間然矣故天竺傳云像正之末微馬鳴龍樹道學之門其淪滑溺喪矣其故何

耶寔由二未契微邪法用盛虛言與實教並興嶮徑與夷路爭轍始進者化之而流離向道者惑之而播越非二匠其孰與正之是以天竺諸國爲之立廟宗之若佛又稱而詠之曰智慧日已頽斯人令再曜世昬寢已久斯人悟令覺若然者真可謂功格十地道侔補處者矣傳而稱之不亦宜乎幸哉此中鄙之外忽得全有此論梵文委曲皆如初品法師以秦人好簡故裁而略之若備譯其文將近千有餘卷法師於秦語大格唯譯一往方言殊好猶隔而未通苟言不相喻則情無由比不比之情則不可以託悟懷於文

表不牏之言亦何得委殊塗於一致理固然矣進欲停筆爭是則校競終日卒無所成退欲簡而便之則負傷手穿鑿之譏以二三唯案譯而書鄙不備飾幸冀明悟之賢略其文而挹其玄也

大智論記第二十　出後論

究摩羅耆婆法師以秦弘始三年歲在辛丑十二月二十日至長安四年夏於逍遙園中西門閣上爲姚天王出釋論七年十二月二十七日乃訖其中兼出經本禪經戒律百論禪法要解向五十萬言幷釋此論一百五十萬言論初品三十四卷解釋一品是全

論其本二品巳下法師略之取其要足以開釋文意而巳不復備其廣釋得此百卷若盡出之將十倍於此

大智論抄序第二十一

釋慧遠作

夫宗極無爲以設位而聖人成其能昏明代謝以開運而盛衰合其變是故知嶮易相推理有行藏屈伸相感數有往復由之以觀雖冥樞潛應圓景無窮不能均四象之推移一其會通況時命紛謬世道交淪而不深根固蔕寧極以待哉若達開塞之有運時來非由遇則正覺之道不虛凝於物表弘教之情亦漸

可識矣有大乘高士厥號龍樹生于天竺出自梵種精誠曩代契心在茲接九百之運撫頹薄之會悲蒙俗之茫昧蹈險跡而弗恪於是卷陰衡門雲翔赤澤慨文明之未發思惑躍而勿用乃喟然歎曰重夜方昏非螢燭之能照雖白日寢光猶可繼以朗月遂自誓落簪表容玄服隱居林澤守閑行禪靖慮研微思通過半因而悟曰聞之於前論大方無垠或有出乎其外者俄而迴步雪山啓神明以訴志將歷古仙之所遊忽遇沙門於巖下請質所疑始知有方等之學及至龍宮要藏秘典靡不管綜滯根既拔則名冠道

位德備三忍然後開九津於重淵朋鱗族而俱遊學徒如林英彥必集由是外道高其風名士服其致大乘之業於茲復隆矣其人以般若經爲靈府妙門宗一之道三乘十二部由之而出故尤重焉然斯經幽奧厥趣難明自非達學勘得其歸故叙夫體統辨其深致若意在文外而理蘊於辭輒寄之賓主假自疑以起對名曰問論其爲要也發軫中衢啓惑智門以無當爲實無照爲宗無當則神凝於所趣無照則智寂於所行寂以行智則群邪革慮是非息焉神以凝趣則二諦同軌玄轍一焉非夫正覺之靈撫法輪而

再轉孰能振大業於將頽紐遺綱之落緒令微言絶而復嗣玄音輟而復詠哉雖弗獲與若人並世叩津問道至於研味之際未嘗不一章三復欣於有遇其中可以開䝉朗照水鏡萬法固非常智之所辨請略而言生塗兆於無始之境變化搆於倚伏之場咸生於未有而有滅於既有而無推而盡之則知有無迴謝於一法相待而非原生滅兩行於一化映空而無主於是乃卽之以成觀反鑒以求宗鑒明則塵累不止而儀像可覩觀深則悟徹入微而名實俱玄將尋其要必先於此然後非有非無之談方可得而言嘗

試論之有而在有者有於有者也無而在無者無於
無者也有有則非有無無則非無何以知其然無性
之性謂之法性法性無性因緣以之生生緣無自相
雖有而常無常無非絕有猶火傳而不息夫然則法
無異趣始末淪虛畢竟同爭有無交歸矣故遊其奧
者心不待慮智無所緣不滅相而寂不修定而閑非
神遇以期通焉識空空之爲玄斯其至也斯其極也
過此以往莫之或知又論之爲體位始無方而不可
詰觸類多變而不可窮或開遠理以發輿或導近習
以入深或闔殊塗於一法而弗雜或闢百慮於同相

而不分此以絶夫壘瓦之談而無敵於天下者也爾
乃傳引衆經以贍其辭暢發義音以弘其美美盡則
智無不周辭傳則廣大悉備是故登其涯而無津挹
其流而弗竭汪汪焉莫測其量洋洋焉莫比其盛雖
百川灌河未足語其辯矣雖涉海求源未足窮其邃
矣若然者非夫淵識曠度孰能與之潛躍非夫越名
反數孰能與之澹漠非夫洞幽入冥孰能與之冲泊
哉有高座沙門字曰童壽宏才傳見智周群籍翫服
斯論佩之彌久雖神悟發中必待感而應于時秦主
姚王敬樂大法招集名學以隆三寶德洽殊俗化流

西域是使其人聞風而至既逹關右即勸令宣譯童壽以此論深廣難卒精究因方言易省故約本以爲百卷計所遺落殆過三倍而文藻之士猶以爲繁咸累於慱罕既其實譬大羹不和雖味非珍神珠內映雖寶非用信言不美固有自來矣若遂令正典隱於榮花玄樸虧於小成則百家競辯九流爭川方將幽淪長夜背日月而昬逝不亦悲乎於是靜尋所由以求其本則知聖人依方設訓文質殊體若以文應質則疑者衆以質應文則悅者寡是以化行天竺辭樸而義微言近而旨遠義微則隱昧無象旨遠則幽緒

莫尋故令甚常訓者牽於近習束名教者惑於未聞若開易進之路則階藉有由曉漸悟之方則始涉有津遠於是簡繁理穢以詳其中令質文有體義無所越輒依經立本繫以問論正其位分使類各有屬謹與同止諸僧共別撰以爲集要凡二十卷雖不足增暉聖典庶無大謬如其未允請俟來哲

出三藏記集序卷第十一

出三藏記集序卷第十二目錄

出三藏記集序卷第十二

釋　梁　釋　僧　祐　撰

中論序第一　釋僧叡

中論有五百偈龍樹菩薩之所造也以中爲名者照其實也以論爲稱者盡其言也實非名不悟故寄中以宣之言非釋不盡故假論以明之其實既宣其言既明於菩薩之行道場之照朗然懸解矣夫滯惑生於倒見三界以之而淪溺偏悟起於厭智耿介以之而致乖故知大覺在乎曠照小智纏乎隘心照之不曠則不足以夷有無一道俗知之不盡則未可以涉

中途泯二際道俗之不夷二際之不泯菩薩之憂也是以龍樹大士折之以中道使惑趣之徒望玄指而一變恬之以即化令玄悟之賓喪諮詢於朝徹蕩蕩焉眞可謂理夷路於冲階敞玄門於宇內扇慧風於陳枚流甘露於枯悴者矣夫百梁之構興則鄙茅茨之側陋覩斯論之宏曠則知偏悟之鄙倍幸哉此區之赤縣忽得移靈鷲以作鎭險詖之邊情乃蒙流光之餘惠而今而後談道之賢始可與論實矣云天竺諸國敢豫學者之流無不翫味斯論以爲喉衿其染翰申釋者甚亦不少所出者是天竺梵志名賓羅伽

秦言青目之所釋也其人雖信解深法而辭不雅中其中乖闕煩重者法師皆裁而裨之於經通之理盡矣文或左右未盡善也百論治外以閑邪斯文祛內以流滯大智釋論之淵博十二門觀之精詣尋斯四者眞若日月入懷無不朗然鑒徹矣予翫之味之不能釋手遂復忘其鄙拙託悟懷於一序并目品義題之於首豈期能釋耶蓋是欣自同之懷耳

中論序第二　　曇影法師

夫萬化非無宗而宗之者無相虛宗非無契而契之者無心故至人以無心之妙慧而契彼無相之虛宗

內外並冥緣智俱寂豈容名數於其間哉但以悕玄之質趣必有由非名無以領數非數無以擬宗故遂設名而召之立數而辯之然則名數之生生於累者可以造極而非其極苟曰非極復何常之有耶是故如來始逮眞覺應物接麁啓之以有後爲大乘乃說空法化適當時所悟不二流至末葉像教之中人根膚淺道識不明遂廢魚守筌存指忘月覩空教便謂罪福俱泯聞說相則謂之爲眞是使有無交興生滅迭爭斷常諸邊紛然競起時有大士厥號龍樹爰託海宮遠無生忍意在傍宗載隆遺教故作論以折中

其立意也則無言不窮無法不盡然統其要歸則會通二諦以真諦故無有俗諦故無無真故無有則雖無而有俗故無無無則雖有而無雖有而無則不累於有雖無而有則不滯於無不滯於無則斷滅見息不存於有則常等氷消寂此諸邊故名曰中問荅析徵所以爲論是作者之大意也亦云中觀直以觀辯於心論宣於口耳羅什法師以秦弘始十一年於大寺出

百論序第三　　釋僧肇

百論者蓋是通聖心之津塗開真諦之要論也佛泥洹後八百餘年有出家大士厥名提婆玄心獨悟俊

氣高朗道映當時神超世表故能闢三藏之重關坦十二之幽路擅步迦夷爲法城塹于時外道紛然異端競起邪辯遍眞始亂正道乃仰慨聖教之凌遲俯悼群迷之縱惑將遠拯沉淪故作斯論所以防正閑邪大明於宗極者矣是以正化以之而隆邪道以之而替非夫領括衆妙孰能若斯論有百偈故以百爲名理致淵玄統群籍之要文旨婉約窮制作之美然至趣幽簡尠得其門有婆藪開士者明慧內融妙思奇拔遠契玄蹤爲之訓釋使沉隱之義彰於微翰諷味宣流被於來葉文藻煥然宗塗易曉其爲論也言

而無當破而無執儻然靡據而事不失眞蕭焉無寄
而理自玄會返本之道著乎茲矣有天竺沙門鳩摩
羅什器量淵弘俊神超邈鑽仰累年轉不可測常味
詠斯論以爲心要先雖親譯而方言未融致令思尋
者躊躇於謬文標位者乖迕於歸致大秦司隸校尉
安城侯姚嵩風韻清舒冲心簡勝博涉內外理思兼
通少好大道長而弥篤雖復形羈時務而法言不輟
每撫茲文所慨良多以弘始六年歲次壽星集理味
沙門與什考校正本陶練覆疏務存論旨使質而不
野簡而必詣宗致劃介無間然矣論凡二十品品各

有五偈後十品其人以爲無益此土故闕而不傳冀明識君子詳而覽焉

十二門論序第四

僧叡法師

十二門論者蓋是實相之折中道場之要軌也十二門者揔衆枝之大數也門者開通無滯之稱也論之者欲以窮其源盡其理也若一理之不盡則衆異紛然有惑趣之乖一源之不窮則衆塗扶踈有殊致之不夷乖趣不泯大士之憂也是以龍樹菩薩開出者之由路作十二門以正之正之以十二則有無兼暢事無不盡事盡於有無則忘功於造化理極於虛位

則喪我於二際然則喪我在乎落筌筌忘存乎遺寄筌我兼忘始可以幾乎實矣幾乎實矣則虛實兩冥得失無際冥而無際則能忘造次於兩玄泯顛沛於一致整歸駕於道場畢趣心於佛地恢恢焉眞可謂運虛刃於無間奏希聲於宇內濟弱喪於玄津出有無於域外者矣遇哉後之學者夷路既坦幽塗既開眞得振和鸞於北溟馳白牛以南迴悟大覺於夢境卽百化以安歸夫如是者惡復知曜靈之方盛玄陸之未希也哉叡以鄙倍之淺識猶敢明識虛關希懷宗極庶日用之有宜冀歲計之能殖況才之美者乎

不勝景仰之至敢以鈍辭短思序而申之并目品義題之於首豈其能益也庶以此微開疾進之路耳羅什法師以秦弘始十一年於大寺出之

成實論記第五　出論後記

大秦弘始十三年歲次豕韋九月八日尚書令姚顯請出此論至來年九月十五日訖外國法師拘摩羅耆婆手執梵本口自傳譯曇晷筆受

畧成實論記第六　新撰

成實論十六卷羅什法師於長安出之曇晷筆受曇影正寫影欲使文玄後自轉爲五翻餘悉依舊本齊

永明七年十月文宣王招集京師碩學名僧五百餘人請定林僧柔法師謝寺慧次法師於普弘寺迭講欲使研覈幽微學通疑執卽座仍請祐及安樂智稱法師更集尼衆二部名德七百餘人續講十誦律志令四衆淨業還白公每以大乘經淵深漏道之津涯正法之樞紐而近世陵廢莫或敦修棄本逐末喪功繁論故卽於律座令柔次等諸論師抄比成實簡繁存要畧爲九卷使辭約理舉易以研尋八年正月二十三日解座設三業三品別施獎有功勸不及上者得三十餘件中者得二十許種下者數物而已卽寫

略論百部流通教使周顒作論序今錄之于後

抄成實論序第七

周顒作

尋夫數論之爲作也雖製興於晚集非出于一音然其所以開家命部莫不各有弘統皆足以該領名數隆讚方等契闊顯益不可訾言至如成實論者揔三乘之祕數窮心色之微闡標因位果解惑相馳凡聖心樞罔不畢見乎其中矣又其設書之本位論爲家抑揚含吐咸有憲章則優柔闚探動開獎利自發聚之初首至道聚之本章其中二百二品鱗綵相綜莫不言出於奧典義溺於邪門故必曠引條繩碎陳規

墨料同洗異峻植明塗裨濟之功寔此爲著者也既
効宣於正經無滌乎異學雖則近泒小流實乃有變
方教是以今之學衆皆云志存大典而發跡之日無
不寄濟此塗乘津鶩永本期長路其書言精理贍思
味易躭頃遂赴蹈爭流重趼相躡又卷廣義繁致功
難盡故負往不旋終妨正務頃泥洹法華雖或時講
維摩勝鬘頗參餘席至於大品精義師匠蓋踈十住
淵弘世學將殄皆由寢處於論家永均于弱喪是使
大典榛蕪義種行輟與言悵悼側寐忘安成實既有
功於正篆事不可闕學者又遂流於所赴此患宜裁

今欲內全成實之功外蠲學士之慮故銓引論才備詳切緩刋文在約降爲九卷删賒採要取効本根則方等之助無虧學者之煩半遣得使功歸至典其道彌傳波若諸經無墜於地矣業在心源庶無裁削之累今典故全豈有妨於好學相得意於道心可不謀而隨喜也

訶梨跋摩傳序第八　江陵玄暢作

余尋訶梨跋摩述論明經樞機義與後進所馳荆州暢公製傳頗徵事跡故復兼錄附之序末雖於類爲乖而顯證是同焉

訶梨跋摩者此稱師子鎧佛泥洹後九百年出在中
天竺婆羅門子也若人之生也固亦命世而誕幼則
神期秀拔長則思周變通至若世典圍陀並是陰陽
奇術提舍高論又亦外誥情辯皆經耳而究其幽遇
心而盡其妙宜以世訓承習弗爲心要也遇見梵志
導以眞軌遂抽簪華服爲薩婆多部達摩沙門究摩
羅陀弟子其師既器而非凡卽訓以名典迦旃延所
造大阿毗曇乃有數千偈而授之曰此論蓋是衆經
之統例三藏之要目也若能專精尋究則悟道不遠
於是跋摩敬承鑽習功不踰月皆精其文義乃慨焉

而歎曰吾聞佛旨虛寂非名相所議神澄妙絕罕常情攸測故爲先達之所遵崇我亦注心歸仰如今之所禀唯見浮繁妨情支離害志紛紜名相竟無妙異若以爲先聖應期適時之漸斯則教之流非化之源矣遂乃鼓載之中竄三藏之旨考九流之源方知五部創流濫之基迦旃啟偏競之始紛綸遺蹤謀方百轍由使歸宗者昧其繁文尋教者惑其殊軌夫源同末異乃將衰之徵然頹綱不振亦弘道者之憂也遂抗言五異辯正衆師務遵洪範當而不讓至乃敏捷鋒起芭籠群達辯若懸河清對無滯于時衆師雷動

相視闕如後以他日集而議曰此子恃明凌轢舊德據言有本未易可傾邁年值此運也如何或有論者曰豈唯此子才明過人抑亦吾等經論易窮耳意謂學無自足闇則諮明明昧之分已自可知何爲苟守偏識不師廣見耶諸耆德曰相與誠復慕明情深而忝世宗仰于茲久矣當不能忽廢舊業問道少年明矣何者夫根同業散像數自然五部之興有自來矣但常敦其素業祇而行之既生屬千載之末孰能遠軌正法之初哉且跋摩抽簪之始受道吾黨中參異學已自離群夫師祖不同所以五部不雜黜異之制

蓋先師舊典幸可述其獨見之明以免雷同之衆跋摩旣宏才放達廣心遠度雖衆誚交諠傲然容豫深體忘懷明遊常趣神用閑邃擇木改步時有僧祇部僧佉巴連弗邑並遵奉大乘云是五部之本久聞跋摩才超群彥爲衆師所忌相與慨然要以同止遂得研心方等鋭意九部採訪微言搜簡幽旨於是博弘百家衆流之談以檢經奧通塞之辯澄汰五部商畧異端考覈迦旃延斥其偏謬除繁棄末慕存歸本造述明論厥號成實崇附三藏准列四眞大明筌極爲二百二品志在會宗先隆遺軌庶廢乖競共遵通濟

斯論既宣淵懿鬱萃旬日之間傾震摩竭于時天竺有外道論師云是優樓佉弟子明鑒縱達每述議正之辯歷國命訓莫能制者聞華氏王崇敬三寶將阻其信情又欲振名殊方遂杖策恒南直至摩竭王聞不悅即宣募境內有能辯屈之者當奉為國師闔境豪彥皆憚其高名咸曰才非跋摩孰堪斯舉王聞甚悅即勑奉迎跋摩既至王便請昇論堂令與外道決其兩正于時外道志氣干雲乃傲然而詠曰吾大宗樓迦偽藉世師繁文則六諦同貫簡旨則知異于神神為知主唯斷為宗敢有抗者斬首謝焉跋摩既宏

才邈世覩之杪然神期凌霄容無改顏乃慨然對曰異哉子之談也子所以跨遊殊方將欲崇其神而長其知也又以斷爲宗而自誣其旨子無知乎神可亡乎神既非知爲神知知知神乎若神知知知神者誰知若知知神知亦神乎外道乃退自疑曰理必若斷我無知矣知若知神神非宗矣於是沉惟謝屈心形俱伏王及臣民慶快非恒卽與率土奉爲國師王乃譴其舊衆昔忌名賢本衆相視懷愧闕然咸共追請固請舊居王又曰夫制邪歸正其德弘矣但弘教之賢業尚殊背乖迕遺筌濁亂像軌請以檢一今謬昧欽

明王即宣告号爲像教大宗由使八方論士淵異之徒感恩舊決明契而萃跋摩以絕倫之才超群之辯每欲師聖附經籍同黜異遂博舉三藏開塞之塗大壯五部乖競之路難其所執釋其所難明辯恢廓苞羅衆說理亂叩機神王若無於是群方名傑莫能異見咸廢殊謀受道眞軌淳化以之而隆邪蕩以之再騫非夫神契實津道參沖旨孰能盪定群異今廢我求通者哉所以粗述始末璧諸好事云尒（造諸數論大師傳並集在薩婆多部此師既不入彼傳故附於此）

菩薩波羅提木叉後記第九　未詳作者

夫窮像於玄原之無始萬行始於戒信之玄兆是故天竺鳩摩羅什法師心首持誦什言此戒出梵網經中而什法師少翫大方齊異學於迦夷淳風東扇故弘始三年秦王道契百王之業奉心大法於逍遥觀中三千學士與什參定大小乘經五十餘部唯菩薩十戒四十八輕最後誦出時融影三百人等一時受行修菩薩道豈唯當時之益乃有累劫之津也故慧融書三千部流通於後代持誦相授屬諸後學好道之君子願末劫不絕共見千佛龍華同坐

比丘尼戒本所出本末序第十　出戒本前晉孝武帝世出

拘夷國寺甚多修飾至麗王宮彫鏤立佛形像與寺無異有寺名達慕藍百七十僧北山寺名致隸藍六十僧劒慕王新藍五十僧温宿王藍七十僧

右四寺佛圖舌彌所綂寺僧皆三月一易屋床坐或易藍者未滿五臘一宿不得無依止王新僧伽藍九僧有年少沙門字鳩摩羅乃才大高明大乘學與舌彌是師徒而舌彌阿含學也阿麗藍百八十比丘尼輪若干藍五十比丘尼阿麗跋藍二十尼道

右三寺比丘尼綂依舌彌受法戒比丘尼外國法不得獨立也此三寺尼多是葱嶺以東王侯婦女爲道遠集斯寺用法自整大有檢制亦三月一易

房或易寺出行非大尼三人不行多持五百戒亦
無師一宿者輒彈之令所出比丘尼大戒本此寺
常所用者也舌彌乃不肯令此戒來東僧純等求
之至勤每嗟此後出法整唯之斯戒末乃得之其
解色以息婬不在止冶容也不欲以止竊不在謹
封藏也解色則無情於外形何計飾容與不飾乎
不欲則無心於珠玉何須慢藏與緘縢乎所謂無
關而不可開無約而不可解也內健既尒外又毀
容麁服進退中規非法不視非時不餐形如朽柱
心若濕灰斯戒之謂也豈非聖人善救人故無棄

人也哉然女人之心弱而多放佛違其微防之宜密是故立戒每倍於男也大法流此五百餘年比丘尼大戒了於其文以此推之外國道士亦難斯人也法汰頃年鄙當世爲人師處一大域而坐視令無一部僧法推求出之竟不能具吾昔得大露精比丘尼戒而錯得其藥方一匣持之自隨二十餘年無人傳譯近欲參出殊非尼戒方知不相關通至於此也賴僧純於拘夷國來得此戒本令佛念曇摩侍慧常傳始得具斯一部法矣然弘之由人不知斯人等能遵行之不耳此戒文與今戒往尼衆學猶作尸叉

吉利

比丘大戒序第十一　釋道安作

世尊立教法有三焉一者戒律也二者禪定也三者智慧也斯三者至道之由戶泥洹之關要也戒者斷三惡之干將也禪者絕分散之利器也慧者齊藥病之妙醫也具此三者於取道乎何有也夫然用之有次在家出家莫不始戒以爲基址也何者戒雖檢形形乃百行舟輿也須臾不矜不莊則傷戒之心入矣傷戒之心入而後欲求不入三惡道未所前聞也故如來舉爲三藏之首也外國重律毋寺立持律月月

相率說戒說戒之日終夜達曉諷乎切教以相維攝
犯律必彈如鷹隼之逐鳥雀也大法東流其日未遠
我之諸師始秦受戒又之譯人考校者尠先人所傳
相承謂是至澄和上多所正焉余昔在鄴少習其事
未及檢戒遂遇世亂每以怏怏不盡於此至歲在鶉
火自襄陽至關右見外國道人曇摩侍諷阿毗曇於
律特善遂令涼州沙門竺佛念寫其梵文道賢爲譯
慧常筆受逕夏漸冬其文乃訖考前常行世戒其謬
多矣或殊失旨或粗舉意昔從武遂法潛得一部戒
其言煩直意常恨之而今持戒規矩與同猶如合符

出門應轍也然後乃知淡乎無味乃直道味也而嫌其丁寧文多及複稱卽命慧常令斥重去複常乃避席謂大不宜尒戒猶禮也禮執而不誦重先制也慎舉止也戒乃逕廣長舌相三達心制八輩聖士珍之寶之師師相付一言乖本有逐無赦外國持律其事實尒此土尚書及與河洛其文樸質無敢措手明祇先王之法言而慎神命也何至佛戒聖賢所貴而可改之以從方言乎恐失四依不嚴之教也與其巧便寧守雅正譯梵爲秦東教之士猶慼非之願不刊削以從飾也衆咸稱善於是案梵文書唯有言倒時從

順耳前出戒十三事中起室與檀越議三十事中至大姓家及綺紅錦繡衣及七因緣法如斯之比失旨多矣將來學者審欲求先聖雅言者宜詳攬焉諸出爲秦言便約不煩者皆蒲萄酒之被水者也外國云戒有七篇而前出戒皆八篇今戒七悔過後曰尸叉罽賴尼尸叉罽賴尼有百七事明也如斯則七篇矣又侍尸叉罽賴尼有百一十事余嫌其多侍曰我持律許口受十事一記無長也尋僧純在丘慈國佛陀舌彌許得比丘尼大戒來出之正與侍同百有一十尒乃知其審不多也然則比丘戒不止二百五十阿

夷戒不止五百也

比丘大戒本

欲說戒維那出堂前唱不淨者出次曰庚跋門怒鉢羅鞞處（可大沙門入三唱）然後入唱行籌曰頞皷舍陀（寂靜）阿素（生也）舍羅遮麗吏（行籌）布薩陀（說戒）心密栗梯（一心）娑檜鞞度（定也）舍羅姞隸怒（把籌）說戒者乃曰僧和集會未受大戒者出僧何等作爲答說戒不來者屬授清淨說（小住絜向說竟）說已那春夏冬若干日已過去（隨時計日）

僧盡共思惟　一切生死過　求於度世道

若精進持戒　同亦當歸死　不精進持戒

同亦當歸死　寧持戒而死　不犯戒而生
譬如駛水流　日月不常住　人命疾於彼
去者不復還
自此偈以後有布薩羯磨及戒文不復具寫

大比丘二百六十戒三部合異序第十二

竺曇無蘭

夫戒者人天所由生三乘所由成泥洹之關要也是以世尊授藥以戒爲先焉戒者乃三藏之一也若不以戒自禁馳心於六境而欲望免於三惡道者其猶如無舟而求度巨海乎亦如魚出于深淵鴻毛入于

盛火悕不死燋者未之有也行者以戒自嚴猛意五十八法者取道也何難哉蘭自染化務以戒律爲意昔在於廬山中竺僧舒許得戒一部持之自隨近二十年每一尋省恨文質重會曇摩侍所出戒規矩與同然侍戒衆多施有百一十事尒爲戒有二百六十也釋法師問侍侍言我從持律許尸受一一記之莫知其故也尼戒衆多施亦尒百有一十三十事中第二十一二百五十者云長鉢過十日捨墮續言是比丘當持此鉢與比丘僧二十二百六十者云鉢破綴齊五更未得新鉢故者當歸衆僧推其理宜如

二百五十者在長鉢後事與破鉢并者爲重長也余以長鉢後事洰於破鉢下以子從母故也九十事中多參錯事不相對復從就二百六十者令事類相對亦時有不相似者重飯食無餘因緣墮應對重飯不屬人言不足此除因緣事與别請并故以對别請此一戒在重飯一戒在别請亦爲有餘緣則得重飯亦得越次受請也不舒手受食自恐敎人恐怖此二戒無對將傳寫脫耶梵本闕乎衆多施亦有不相對不相似者莫知所以也余因閑暇爲之三部合異粗斷起盡以二百六十戒爲本二百五十者爲子以前出

常行戒全句繫之於事末而亦有永乖不相似者有以一爲二者有以三爲一者余復分合令事相從然此三戒或能分句失旨賢才聰叡若有攬者加思爲定恕余不逮比丘僧詳定後後從長安復持本來更得重校時有損益最爲定

比丘大戒二百六十事　三部合異二卷

欲說戒維那出堂前唱不淨者出次曰庚跋門怒鉢羅韃處然後入唱行籌

說戒者乃曰僧和集會未受大戒者出僧何等作爲衆僧和聚會悉受無戒於僧有何事荅說戒僧荅言布薩不來者屬授清淨說諸人者當說當來之淨荅言說淨

說巳那春夏冬若干日巳過去

僧盡共思惟　一切生死過　求於度世道
若精進持戒　同亦當歸死　不精進持戒
同亦當歸死　寧持戒而死　不犯戒而生
譬如駛水流　日月不常住　人命疾於彼
去者不復還

自此偈以後有布薩羯磨及戒文也

此二百六十戒七佛偈與常行戒偈同子戒偈同子戒本無偈想亦同故不出也而此戒來至楊州汰法師嫌文質重有所刪削此是本末措手向質重者也

晉泰元六年歲在辛巳六月二十五日比丘竺曇無蘭在揚州丹楊郡建康縣界謝鎮西寺合此三戒到七月十八日訖故記之

關中近出尼二種壇文夏坐雜十二事并雜事共卷前中後三記第十三

卷初記云太歲己卯鶉火之歲十一月十一日在長安出此比丘尼大戒其月二十六日記僧純於龜茲佛陀舌彌許戒本曇摩侍傳佛念執梵慧常筆受

卷中間尼受大戒法後記云此土無大比丘尼戒之斯一部僧法久矣吳土雖有五百戒比丘尼而戒是

覔歷所出尋之殊不似聖人所制法汰道林聲鼓而
正之可謂匡法之棟梁也法汰去年亦令外國人出
少許復不足慧常涼州得五百戒一卷直戒戒復之
似人之所作其義淺近未及僧純曇充拘夷國來從
雲慕藍寺於高德沙門佛圖舌彌許得此比丘尼大
戒及授戒法受坐已下至劒慕法遂令佛圖卑爲譯
曇摩侍傳之乃知眞是如來所制也而不止五百數
比丘戒有二百六十問侍所以言莫知其故也然以
理推之二百五十及五百是舉全數耳又授比丘尼
大戒文少將卽用授大比丘法而出其異也八歎頼

夷無二亦當依比足之耳亦當畧授十七僧迦衛尸沙一章也又授比丘尼大戒尼三師教授師更與七尼壇外問内法壇外問内法於事爲重故外國師云壇外問當言正尒上場衆僧中當問汝汝當尒荅壇上問則言令衆僧中問汝也正尒令曇充還拘夷訪授比丘尼大戒定法須報以爲式也授六法文無之也二師而已無教授師也（上壇僧尼各多益善）卷後又記云秦建元十五年十一月五日歲在鶉尾比丘僧純曇充從丘慈高德沙門佛圖舌彌許得此授大比丘尼戒儀及二歲戒儀從受坐至屬授諸雜事令曇摩侍出

佛圖甲爲譯慧常筆受凡此諸事是所施行之急者若爲人師而不練此此無異於土牛後人也涼州道人竺道曼於丘慈因此異事來與燉煌道人此沙門各各所住祠或二百或三百人爲一部僧比丘尼向三百人凡有五祠各各從所使僧祠依准爲界内無共說戒法也常暮說戒說戒之日比丘尼差三人往白所依僧云今日當說戒僧即差二人往請比丘尼僧知人數還白大僧云比丘尼凡有若干於其祠清淨說戒普共聞知如是三白比丘尼便自共行籌說戒如法僧事曇充云大齊說律六十日竟尼亦寄聽若遇說戒亦寄聽戒唯不與舍羅籌耳

七月十五日各於所止處受歲如法遣三人詣所依僧承受界分齊耳其餘如僧法（此與尼戒違將是不知也）比丘尼當三受戒五百戒比丘尼滿十二歲乃中爲師初受十戒時索二女師當使持律沙門授戒乃付女師令教道之次受二百五十戒年滿二十直使女三師授之耳威儀俯仰如男子受戒法無異也（弥離尼受六法無三師沙弥亦無三師二師而已耳六法云二百五十謬傳之）受戒後周一年無誤失乃得受戒五百戒後受戒時三師十僧如中受時直使前持律師更授二百五十事合前爲五百耳直授之不如中受時問威儀委曲也戒文如男子戒耳事事

如之無他異也

授戒立三尼師一持律比丘僧持戒場四住屋下此言十僧後授不委曲與授文及未詳所出也

摩得勒伽記第十四　出經後記

宋元嘉十二年歲在乙亥楊州聚落丹陽郡秣陵縣平樂寺三藏與弟子共出此律從正月起至九月二十二日草成二十五日寫畢白衣優婆塞張道孫敬信執寫

善見律毘婆沙記第十五　出律前記

齊永明十年歲次實沉三月十日禪林比丘尼淨秀聞僧伽跋陀羅法師於廣州共僧禕法師譯出梵本

善見毘婆沙律一部十八卷京師未有渴仰欲見僧伽跋陀羅其年五月還南憑上寫來以十一年歲次大梁四月十日得律還都頂禮執讀敬寫流布仰惟世尊泥洹已來年載至七月十五日受歲竟於衆前謹下一點年年如此感慕心悲不覺流淚

千佛名號序第十六　出賢劫經

沙門竺曇無蘭抄

賢劫經說二千一百諸度無極竟喜王菩薩仍問今此會中寧有大士得此定竟入斯八千四百諸度無極及八萬四千度無極法入八萬四千諸三昧門乎

佛荅言有不但此諸開士也當來賢劫一千如來亦得入也除四正覺喜王白佛唯願世尊說諸佛名字姓號佛爲喜王說諸佛號字號字一千數之有長而興立發意二品重說皆齊慧業而止以此二品檢之有以二字爲名者三字名者有以他字足成音句非其名號亦時有字支異者想梵本一耳將是出經人轉其音辭令有左右也長而有者或當以四五六字爲名號也興立發意不盡名自慧業以下難可詳也余今別其可了名爲佛名意所不了則全舉之又以字異者注之於下然或能分合失所深見達士其有

覺省可爲改定恕余不逮

出三藏記集序卷第十二

出三藏記集雜錄卷第十三 三四 同卷

梁 釋 僧 祐 撰

雜錄序

夫靈源啟潤則萬流脉散玄根毓萌則千條雲積何者本大而末盛基遠而緒長也自尊經神運秀出俗典由漢届梁世歷明哲雖復緇服素飭並異跡同歸講議讃析代代彌精注述陶練人人競密所以記論之富盈閣以牣房書序之繁充車而被軫矣宋明皇帝投心淨境載餐玄味迺　勑中書侍郎陸澄撰錄

法集陸傳識洽聞苞舉群籍銓品名例隨義區分凡十有六帙一百有三卷其所闕古今亦已備矣今即其本錄以相綴附雖非正經而毗讚道化可謂聖典之羽儀法門之警衛足以輝顯前緒照進後學是以寄于三藏集末以廣枝葉之覽焉

宋明帝勑中書侍郎陸澄撰法論目錄序第一

論或列篇立第兼明衆義者今撼其宗致不復擿分合之則體全别之則文亂置難形神援譬薪火庾闞發其議謝瞻廣其意然桓譚未及聞經先著此言有足奇者宜其綴附也

牟子不入教門而入緣序以持載漢明之時像法初傳故也

魏祖答孔是知英人開尊道之情習生貽安則見令主弘信法之心所以有取二書指存兩事又支遁敷翰遠國述江南僧業故兼錄

卽色遊玄論 支道林王敬和問支答

辯著論 支道林

釋卽色本無義 支道林王幼恭問支答

不眞空論 釋僧肇

本無難問 郗嘉賓竺法汰難并郗答往反四首

郗與法濬書

郗與闞法師書

郗與支法師書

心無義 桓敬道王稚遠難桓答

釋心無義 劉遺民

法性論上下 釋慧遠

實相義 釋道安

問實相王稚遠外國法師答　問如法性眞際釋慧遠什法師答

問實法有釋慧遠鳩摩羅什答　問分破空釋慧遠鳩摩羅什答

實相論釋曇無成　實相通塞論釋道合　會通論支曇諦

支書與郗嘉賓　會通論上下釋慧義

始元論釋僧宗　略論諸經　勝鬘經序釋慧觀

百論序釋僧叡　百論序釋僧肇

右法論第一帙法性集十五卷

涅槃無名論釋僧肇　佛性論上下釋僧宗

問涅槃有神不王稚遠什答　問滅度權實王稚遠法師答

問淸淨國王稚遠法師答　涅槃三十六門竺道生

釋八住初心欲取泥洹義 竺道生

與諸道人論大般泥洹義 范伯倫

論經目　大涅槃經序

辯佛性義 竺道生王問并竺答　佛性集 釋慧靜

佛性論

右法論第二帙 覺性集七卷

道行指歸 支道林何敬問支答　道行指歸 云是安公述相傳

般若無名論 釋僧肇劉遺民難肇答

問佛成道時何用 王稚遠什答　問般若法 王稚遠法師答

問般若稱 王稚遠法師答　問般若知 王稚遠法師答

問釋慧嚴法身二義竺僧弼　丈六即眞論釋僧肇
通佛影迹顏延年　通佛頂齒爪顏延年
通佛衣鉢顏延年　通佛二氈不然顏延年
右法論第四帙法身集四卷
問法身佛盡本習釋慧遠什答
問成佛時斷何累王稚遠什答
右法論第五帙解脫集一卷
法華經後序釋僧叡　妙法蓮華經序釋慧遠
妙法蓮華經宗要序釋僧觀
與竺道生書劉遺民　法華經論　辯三乘論支道林

問菩薩生五道中 王稚遠法師答

問不見彌勒不見千佛 王稚遠法師答　問七佛 王稚遠法師答

右法論第六帙 教門集十二卷

優婆塞五學跡略論上下 三藏法師

法社節度序 釋慧遠　外寺僧節度序 釋慧遠

節度序 釋慧遠　般若臺衆僧集議節度序 支道林

比丘尼節度序 釋慧遠

咸康六年門下議并詔及何次道議二首

晉咸帝詔及何次道議四道 詔是庾季堅作

桓敬道書與八座論道人敬王者 八座答

桓敬道與王稚遠書往反九首

桓敬道與釋慧遠書往反三首

桓敬道僞詔沙門不復敬天子并卞嗣之等答往反十首

桓敬道沙汰沙門教

釋慧遠答桓敬道書論料簡沙門事

宋武爲相時沙汰道人教

沙門不敬王者論釋慧遠　問佛法不老王稚遠什答

與釋慧遠書論沙門祖服鄭道子　與禪師書論踞食鄭道子

沙門祖服論釋慧遠何無忌難遠答

與王司徒諸人書論據食范伯倫釋慧義答范重答

與道生慧觀二法師書　范伯倫
論據食表并詔四首　范伯倫
右法論第七帙　戒藏集　八卷
本起四禪序并注　支道林　安般守意經注序　康會
十二門經注序　釋道安　十二門注序
陰持入經注序　人本欲生經注序
禪經序　釋僧叡　禪經序　釋慧遠　釋禪足　釋慧遠
問念佛三昧　釋慧遠什答　妄書禪慧宣諸弘信　顏延年
聞慧思修禪定義在家習定法
右法論第八帙　定藏集　四卷

阿毗曇心序釋慧遠　阿毗曇序

阿毗曇五法行義謝慶緒　阿毗曇心略解數

阿毗曇心雜數林　問竺道生諸道人佛義范伯倫

衆僧述范問　范重問道生往反三首

傳季友答范伯倫書　辯宗論謝靈運

法勗問往反六首　僧維問往反六首

慧驎述僧維問往反六首　驎雜問往反六首

竺法經釋慧林問往反十一首　王休元問往反十四首

竺道生答王問一首　漸悟論釋慧觀

沙門竺道生執頓悟　謝康樂靈運辯宗述頓悟

沙門釋慧觀執漸悟　明漸論釋曇無成

右法論第九帙七卷慧藏集

問遍學外國法師答　問遍學釋慧遠什答

重問遍學釋慧遠什答　問羅漢受釋慧遠什答

論三行上郗嘉賓　敘通三行郗嘉賓

郗與謝慶緒書往反五首　論三行下郗嘉賓

法朂問往反六首　僧雜問往反六首

慧驎述僧雜往反六首　郗與傅叔玉書往反三首

答英郎書一首　王季琰書往反四首

與仰法師書并答二首　道地經注序

略解三十七品次第 什法師　本業略例 支道林

本業經注序 支道林　論十住上下 傳叔玉

書與謝慶緒論十住往反四首 二首分爲下卷

傳叔玉重書幷謝答三十二字　十住義 釋曇遇

實相標格論　問住壽 釋慧遠什答　問釋道安六通 竺汰

右法論第十帙 雜行集十卷

十報法統略　釋三報論 釋慧遠

述竺道生善不受報義 釋僧璩釋鏡難璩答

全生論 郗嘉賓　殺生問 桓敬道殷伯道答桓難

明報應論 釋慧遠　報應論 卞湛范伯倫難下答　業報論

右法論第十一帙業報集六卷

神本論支曇諦　命源論釋慧諦　識三本論謝慶緒

支道人書與謝論三識并答

戴安道書與謝論三識并答往及三首　四執論

問釋神心意識王稚遠什答　問十數法王稚遠法師答

辯心意識釋慧遠　釋神名釋慧遠　驗寄名釋慧遠

問論神釋慧遠　問釋道安神竺法汰　問神識王稚遠什答

五陰三達釋郗嘉賓　問後識追憶前識釋慧遠什答

神不更受形論庾仲初　更生論羅君章孫安國難羅答

習鑿齒難　神不滅論鄭道子

桓君山新論論形神

書與何彥德論感果生滅五往反顏延年

山伯源問 摯無禮諮 顏答山摯二難

右法論第十二帙色心集九卷

問四相釋慧遠 物不遷論釋僧肇 申無生論釋曇無成

右法論第十三帙物理集三卷

牟子一云蒼梧太守牟子博傳 舊首楞嚴經後序

支法護像讚支道林 答孔文舉書魏武帝

與釋道安書習鑿齒 與釋道安書伏玄度

與高句驪國道人書支道林

右法論第十四帙一錄序集二卷

難沙門于法龍道彦法龍答　答謝宣明難佛理范伯倫

論檢顔延年　答惑人問顔延年

關中法濟道人與涼州同學書遠性論何承天

顔延年釋何五往反道人問顔答　均善論釋慧琳

何承天與宗少文書五往反演均善論　斷家養論何彦德

釋慧琳難　廣何顔延年　顔重與何書

右法論第十五帙雜論集六卷

齊太宰竟陵文宣王法集錄序第二

夫五時九部之契三請四卷之機玄哉邈乎奥不可

議已然法海無涯航而知大慧藏不極探而得實是以弘誓之士隨時斟酌馬鳴抽其幽宗龍樹振其絕緒提婆析其名數訶梨揔其條理並翼讃妙典俘剪外學迷津見衢長夜逢曉故智慧之日名飛於摧邪功德之月績翔於闡化亦已盛矣但群萌殊葉根力異品運季道澆信淡識淺至於披瞽發聾事資懇厲藥愚針惑宜務切近是以後代敷訓顯晦不一或颺言以汎解或提耳而指授所以卷舒教義抑揚風軌豈滯恒方斯於悟俗而已齊太宰竟陵文宣王淨刹萠因忍土現果慧自天成道爲期出孝忠淳和之深

仁智愽愛之厚率由而極因心則至若乃棲神二諦
宅業三寶瞻前卓爾望後不群用能降帝子之尊灼
淨土之操屏朱觀之貴下白屋之禮磨踵以拯俗刻
髓以徇道望億劫以長駈凌千載而獨上若乃闡經
律弘福施濟蒼黎毓翾動未嘗不慮積昏明慈洽巨
細感靈瑞於顯徵通覺應於宵夢固已威蕤民譽昭
哲神聽矣至於苞括儒訓藻鏡釋典空有雙該內外
咸照常欲廣彼洲渚熾此法燈駐四生之風波燭九
居之霾霧指來際以爲期揔大千以爲任故惻隱乘
教慇懃敷道於是銳臨雲之思壯談天之文網羅字

輪儀形法印是以淨住命氏啟入道之門華嚴纓珞摽出世之術決定要行進趣乎金剛戒果莊嚴克成乎甘露爾其衆經注義法塔讚頌僧制藥記之流導文願疏之屬莫不誠在言前理出辭表大者鈎深測幽小者馳辯感俗森成條章鬱爲卷帙可謂開士住心道場初跡冠一代之妙化乘千祀之勝範者也祐昔以道緣預屬嘉會律任法使謬荷其寄齋堂梵席時枉其請哲人徂謝而道心不亡靜尋遺篇僾乎如在遂序茲集錄以貽來世云爾

淨住子十卷　右第一帙上

浮往子十卷　右第二帙下

華嚴瓔珞二卷　右第三帙

諸佛名十卷　右第四帙

諸菩薩名二卷　右第五帙

菩薩決定要行十卷　右第六帙

注優婆塞戒三卷　右第七帙

戒果莊嚴一卷

注遺教經一卷　右第八帙

維摩義略五卷　右第九帙

雜義記十卷　右第十帙

雜義記十卷　右第十一帙
僧制一卷
清信士女法制三卷　右第十二帙
禮佛文二卷　右第十三帙
西州法雲小莊嚴普弘寺講并述羊常弘廣齋共卷
抄成實論序并上定林講共卷
華嚴齋記一卷　施藥記一卷
捨身記一卷　妃捨身記一卷
發願疏一卷　會稽荆雍江郢講記一卷
內典序并讚一卷　述放生東宮齋述受戒共卷

僧得施三業施食法共卷
　右第十四帙
宣白僧尼疏與暢疏并與州郡書求內典共卷
法門讚一卷　講淨住記一卷
受維摩注名一卷　與僚佐書并敎誡左右一卷
拜楊州刺史發願一卷
與何祭酒書讚去滋味一卷　讚梵唄偈文一卷
開優婆塞經題一卷
　右第十五帙
大司馬捨身并施天保二衆一卷　佛牙記一卷

答疑惑書并稚珪書一卷　教宣約受戒人一卷
八日禪靈寺齋并頌一卷　龍華會并道林齋一卷
布薩并天保講一卷　淨住子次門一卷
梵唄序一卷　轉讀法并釋滯一卷
示諸朝貴法制啓二卷　示諸朝貴釋滯啓答二卷
寶塔頌并石像記一卷　受戒并弘法式一卷
右第十六帙　十六帙合一百十六卷
自書經目錄
大字維摩經一部　十四卷
細字維摩經一部　六卷

妙法蓮華經一部　十四卷
般舟三昧經一部　二卷
無量壽經一部　四卷
十地經一部　十卷
華嚴經一部　六卷
大泥洹經　五卷
虛空藏經　二卷
泥洹受持品　一卷
護身經　一卷
觀世音經　一卷

普賢經　一卷
金剛般若經　一卷
八吉祥神呪經　一卷
出生無量門持經　一卷
呵色慾經　一卷
齊竟陵王世子撫軍巴陵王法集序
蓋聞世諦善論法海所摠嚴餝文辭初位是攝自大
化東漸沿世詠歌魏來雜製間出群集至於才中含
章思入精理固法門之羽翥梵聲之金石也齊竟陵
文宣王世子故撫軍巴陵王稟璿華於琨峰敏明璣

於珠海慧發觿辰識表齠歲孝友淳至機頴朗徹故
幼無弱弄夙有老成甫在志學固已揔括墳典矣雅
好辭賦允登高之才藉意隷書均臨池之敏業盈竹
素慮滿風月是時齊方有德文宣襲讃康衢既熙慧
教傍遠世子以枝葉之慶藩守浙河下專風舉昇席
治立含靜臺以御已垂簡惠以振俗郡富名山巖多
靈寺故勝業愈高清心彌往每遊踐必訓思若淵泉
信足以揄揚至道炳發玄極觀其摛賦經聲述頌繡
像千佛願文捨身弘誓四城九相之詩釋迦十聖之
讃並英華自凝新聲間出故僕射范雲篤賞文會雅

相嗟重以爲後進之佳才也至隆昌之時始兆無妄
永元之末運屬道消葛藟失庇磐石傾翦虎兕出柙
宗室致猜而樂天知命夷憂味道在艱不虧其貞處
約無改其節鏡因果而靡晦洞眞俗其如曉專精於
大覺之門懔烈於經典之奧於是下帷墐戶注解百
論抜出幽旨妙盡纖典乃躬筭繅素手寫方等所書
大經凡有十部鋒刃刋削風趣妍靡論其思理所徹
業藝所貫有踰箕裘之能克副青藍之敏矣夫深宮
寡識著自格言粱肉多驕聞之前記而能抜類獨立
超然高舉豈非內鑄堅芳之性外瑩過庭之風哉以

法而說譬金龍之嗣信相由俗而議邁允恭之紹陳思可謂開士宿因栴檀眷屬無忝堂構克勝負荷者也余昔緣法事亟覩清暉及律集稽川屢延供禮惜乎早世文製未廣今撰錄法詠以繼文宣內集使千祀之外知蘭菊之無絕焉

巴陵雜集目錄

造千佛願　繡佛頌　捨身序并願

右上卷

釋迦讚　十弟子讚十首

爲會稽西方寺作禪圖九相詠十首

四城門詩四首　法詠歎德二首　佛牙讚

經聲賦　會稽寶林寺禪房閑居頌

右下卷

自寫經目錄

法華經一部　七卷

維摩經一部　三卷

無量壽經二部　四卷

金剛般若經三部　三卷

請觀世音經一部　一卷

八吉祥經一部　一卷

般若神咒一部　一卷

右十部

注百論一部

釋僧祐法集揔目錄序第三

嘗聞瀝泣助河之談捧土埋岱之論雖誚發於古而愧集於今矣僧祐漂隨前因報生閻浮幼齡染服早備僧數而慧解弗融禪味無紀剎那之息徒積錙毫之勤未基是以懼結香朝懃動鍾夕茫茫塵劫空閱斬籌然竊有堅誓志是大乘頂受方等遊心四含加以山房寂遠泉松清密以講席閒時僧事餘日廣訏

衆典披覽爲業或專日遺飡或通夜繼燭短力共尺
波爭馳淺識與寸陰競晷雖復管窺迷天蠡測惑海
然遊目積心頗有微悟遂綴其聞誠言法寶仰禀群
經傍採記傳事以類合義以例分顯明覺應故序釋
迦之譜區辯六趣故述世界之記訂正經譯故編三
藏之錄尊崇律本故銓師資之傳彌綸福源故撰法
苑之篇護持正化故集弘明之論且少受律學刻意
毗尼旦夕諷持四十許載春秋講說七十餘遍既禀
義先師弗敢墜失標括章條爲律記十卷并雜碑記
撰爲一帙揔其所集凡有八部冀微啟於今業庶有

藉於來津登曰善述庶非妄作但理遠識近多有未
周明哲儻覽取諸其心使道場之果異跡同臻焉

釋迦譜五卷　右一部第一帙

世界記五卷　右一部第二帙

出三藏記集十卷　右一部第三帙

薩婆多部相承傳五卷　右一部第四帙

法苑集十卷　右一部第五帙

明弘集十卷　右一部第六帙

十誦義記十卷　右一部第七帙

法集雜記傳銘七卷　右一部第八帙

出三藏記集雜錄卷第十三

出三藏記集雜録卷第十四　　梁釋僧祐撰

釋迦譜目録序第四　　釋僧祐撰

葢聞菩提之爲極也神妙寂通圓智湛照道絶於形識之封理畢於生滅之境形識久絶豈實誕於王宫生滅已畢寧眞謝於堅固哉但群萌長寢同歸大覺緣來斯化感至必應若應而不生誰與悟俗化而無名何以導世是以標號釋迦檀種刹利體域中之尊冠人天之秀然後脱屣儲宫貞觀道樹捨金輪而馭大千明玉毫而制法界此其所以垂跡也爰自降胎

至于分塔偉化千條靈瑞萬變並義炳經典事盈記傳而群言參差首尾散出事緒舛駮同異莫齊散出首尾宜有貫一之區莫齊同異必資會通之契故傳訊難該而撼集易覽也祐以不敏業謝多聞時因疾隙頗存尋翫遂乃披經案記原始要終敬述釋迦譜記列爲五卷若夫胤裔記生之源得道度人之要泥洹塔像之徵遺法將滅之相撼衆經以正本綴世記以附末使聖言與俗說分條古聞共今跡相證萬里雖邈有若躬踐千載誠隱無隔面對今抄集衆經述而不作庶脫尋訪力半功倍敬率丹心略敷誓願

釋迦始祖劫初刹利相承譜第一　出長阿鋡經
釋迦始祖劫初姓瞿曇緣譜第二　出十二遊經
釋迦六世祖始姓釋氏緣譜第三　出長阿鋡經
釋迦降生釋種成佛緣譜第四　出普耀經
釋迦在七佛末種姓衆數同異譜第五　出長阿鋡經
釋迦同三千佛緣譜第六　出藥王藥上觀經
釋迦內外族姓名譜第七　出長阿鋡經
釋迦弟子姓釋緣譜第八　出增一阿鋡經
釋迦四部名聞弟子譜第九　出增一阿鋡經

右第一卷

釋迦從兄調達出家緣記第十　出中本起經

釋迦從弟阿那律跋提出家記第十一　出曇無德律

釋迦從弟孫陀羅難陀出家緣記第十二　出出耀經

釋迦子羅云出家緣記第十三　出未曾有經

釋迦姨母大愛道出家緣記第十四　出中本起經

釋迦父淨飯王泥洹記第十五　出淨飯王泥洹經

釋迦母摩耶夫人記第十六　出佛昇忉利天經

釋迦姨母大愛道泥洹記第十七　出佛母泥洹經
釋種滅宿業緣記第十八　出長阿含經
右第二卷
釋迦竹園精舍緣記第十九　出曇無德律
釋迦祇洹精舍緣記第二十　出賢愚經
釋迦髮爪塔緣記第二十一　出十誦律
釋迦天上四塔記第二十二　出集經抄
優塡王造釋迦金像記第二十三　出增一阿含經
波斯匿王女造金像記第二十四　出增一阿含經

阿育王弟出家造石像記第二十五　出求離牢獄經
釋迦留影在石室記第二十六　出觀佛三昧經
右第三卷
釋迦雙樹般涅槃記第二十七　出大涅槃經
釋迦八國分舍利記第二十八　出雙卷泥洹經
釋迦天上舍利寶塔記第二十九　出菩薩處胎經
釋迦龍宮佛髭塔記第三十　出阿育王經
右第四卷
阿育王造八萬四千塔記第三十一

釋迦獲八萬四千塔宿緣記第三十二　出雜阿含經
出賢愚經
釋迦法滅盡緣記第三十三　出雜阿含經
釋迦法滅盡相記第三十四　出法滅盡經

右第五卷

世界記目錄序第五　釋僧祐撰

夫三界定位六道區分麁妙異容苦樂殊跡觀其源始不離色心檢其會歸莫非生滅生滅輪迴是曰無常色心影幻斯謂苦本故涅槃喻之於大河法華方

之於火宅聖人超悟息駕反源拔出三有然後爲道也尋世界立體四大所成業和緣合與時而興數盈災起復歸乎滅所謂壽短者謂其長壽長者見其短矣夫虛空不有故厥量無邊世界無窮故其狀不一然則大千爲法王所統小千爲梵主所領須彌爲帝釋所居鐵圍爲藩墻之域大海爲八維之浸日月爲四方之燭揔揔群生於茲是宅瑣瑣含識莫思塗炭沉俗而觀則迂誕之奢言大道而察乃掌握之近事耳但世宗周孔雅伏經書然辯括宇宙臆度不了易稱天玄蓋取幽深之名莊說蒼蒼近在遠望之色於

是野人信明謂旻青如碧儒士據典謂乾黑如漆青黑誠異乖體是同儒野雖殊不知一也是則俗尊天名而莫識天實豈知六欲之嚴麗十梵之光明哉至於准步地勢則虛信章亥圖度日月則深委算術未值一隅差以千里雖復夏革說地不過戶牖之間鄒子談天甫在輿突之內鍊石旣誣鼇足亦詭俗書徒繁竟無顯說世士蒙昧莫詳厥體是以憑惠獨慮閟六合之相持桓譚拒問率五藏以爲喻通人碩學思鬱理窮況乃墻見其能辯乎嗟夫區界現事猶莫之知不思妙義固其已矣竊惟方等大典多說深空唯

長鋡樓炭辯章世界而文博偈廣難卒檢究且名師法匠職競玄義事源委積未必曲盡祐以庸固志在拾遺故抄集兩經以立根本兼附雜典互出同異撰爲五卷名曰世界集記將令三天階序煥若披圖六趣群分照如臨鏡庶溺俗者發蒙服道者瑩解共建慧眼之因俱成覺智之業焉

三千大千世界名數記第一　出長阿鋡經

諸世界海形體記第二　出華嚴經

大小劫名譬喻記第三　出樓炭經

劫初世界始成記第四　出長阿鋡經

大海須彌日月記第五　出長阿鋡經
四天下地形人物記第六　出長阿鋡經
刧初四姓種緣記第七　出長阿鋡經
右第一卷
轉輪聖王記第八　出長阿鋡
欲界六天記第九　出長阿鋡
色界十八天記第十　出長阿鋡
無色界四天記第十一　出長阿鋡
乾闥婆甄那羅記第十二　出阿長鋡
右第二卷

阿須輪鬬戰記第十三　出長阿鋡
世界諸神及餓鬼記第十四　出長阿鋡
龍金翅象師子十二獸記第十五　出大集經
右第三卷
大小地獄閻羅官屬記第十六　出長阿鋡
右第四卷
世界雲雨雷電記第十七　出長阿鋡
世界樹王華藥記第十八　出長阿鋡
小劫飢兵病三災記第十九　出長阿鋡
大劫水火風三災記第二十　出長阿鋡

右第五卷

薩婆多部記目錄序第六　　釋僧祐撰

大聖遷輝歲紀綿邈法僧不墜其唯律乎初集律藏一軌共學中代異執五部各分既分五部則隨師傳習唯薩婆多部偏行齊土蓋源起天竺流化罽賓前聖後賢重明疊耀或德昇住地或道證四果或顯相標瑞或晦跡同凡皆秉持律儀闡揚法化舊記所載五十三人自茲以後叡哲繼出並嗣徽於在昔垂軌於當今季世五衆依斯立教遺風餘烈炳然可尋夫蔭樹者護其本飲泉者敬其源寧可服膺玄訓而不

記列其人哉祐㓜齡憑法年踰知命仰前覺之弘慈奉先師之遺德猥以庸淺承業十誦諷味講說三紀于玆每披聖文以疑感望遐蹤以翹心遂搜訪古今撰薩婆多記其先傳同異則並録以廣聞後賢未絶則製傳以補闕揔其新舊九十餘人使英聲與至教永被懋實共日月惟新此撰述之大旨也條序餘部則委之明勝疾恙惛漠辭之銓藻儻有覽者略文取心

大迦葉羅漢傳第一　阿難羅漢第二

末田地羅漢第三譯曰中也　舍那婆斯羅漢第四

優波掘羅漢第五　慈世子菩薩第六
迦旃延羅漢第七　婆須蜜菩薩第八
吉栗瑟那羅漢第九　長老脇羅漢第十
馬鳴菩薩第十一　鳩摩羅馱羅漢第十二
韋羅羅漢第十三　瞿沙菩薩第十四
富樓那羅漢第十五　後馬鳴菩薩第十六
達磨多羅菩薩第十七　蜜遮伽羅漢第十八
難提婆秀羅漢第十九　瞿沙羅漢第二十
般遮尸棄羅漢第二十一　羅睺羅羅漢第二十二
彌帝麗尸利羅漢第二十三

達磨達羅漢第二十四　師子羅漢第二十五
因陀羅摩那羅漢第二十六
瞿羅忌梨婆羅漢第二十七
婆秀羅羅漢第二十八
僧伽羅叉菩薩第二十九
優波羶馱羅漢第三十　婆難提羅漢第三十一
那伽難羅漢第三十二
達磨尸梨帝羅漢第三十三譯曰法勝
龍樹菩薩第三十四　提婆菩薩第三十五
婆羅提婆菩薩第三十六　破樓提婆第三十七

婆修跋摩第三十八　毗栗惠多羅第三十九
毗樓第四十　毗闍延多羅菩薩四十一
摩帝麗菩薩第四十二
訶梨跋暮菩薩第四十三
婆秀槃頭菩薩第四十四 譯曰青目
達磨達帝菩薩第四十五
旃陀羅羅漢第四十六
勒那多羅菩薩第四十七　盤頭達多第四十八
弗若蜜多羅漢第四十九　婆羅多羅第五十
不若多羅第五十一　佛馱先第五十二

達磨多羅菩薩第五十三

右五十三人第一卷

長安城內齊公寺薩婆多部佛大跋陀羅師宗相承略傳

阿難羅漢第一　末田地羅漢第二
舍那婆斯羅漢第三　優波掘羅漢第四
迦旃延菩薩第五　婆須蜜菩薩第六
吉栗瑟那羅漢第七　勒比丘羅漢第八
馬鳴菩薩第九　瞿沙菩薩第十
富樓那羅漢第十一　達磨多羅菩薩第十二

箁遮迦羅漢第十三　難提婆秀羅漢第十四

巨沙第十五　般遮尸棄第十六

達摩浮帝羅漢第十七　羅睺羅第十八

沙帝貝尸利第十九　達摩巨沙第二十

師子羅漢第二十一　達摩多羅第二十二

因陀羅摩那羅漢第二十三

瞿羅忌利羅漢第二十四

鳩摩羅大菩薩第二十五　衆護第二十六

優波羶大第二十七　婆婆難提第二十八

那迦難提第二十九　法勝菩薩第三十

婆難提菩薩第三十一　破樓求提第三十二
婆修跋慕第三十三
比栗瑟嵬彌多羅第三十四　比樓第三十五
比闍延多羅菩薩第三十六
摩帝戾拔羅菩薩第三十七
阿梨跋慕菩薩第三十八
波秀槃頭菩薩第三十九
達摩訶帝菩薩第四十
旃陀羅羅漢第四十一
勒那多羅菩薩第四十二　槃頭達多第四十三

不若多羅第四十四
佛大尸致利羅漢第四十五
佛馱悉達羅漢第四十六
又師以髮爲證不出名羅漢第四十七
婆羅多羅菩薩第四十八　佛大先第四十九
曇摩多羅第五十　達摩悉大第五十一
羅睺羅第五十二　耶舍第五十三
僧伽佛澄第五十四
右五十四人第二卷
卑摩羅叉傳第一　鳩摩羅什傳第二

法苑雜緣原始集目錄序第七

釋僧祐撰

夫經藏浩汗記傳紛綸所以導達群方開示後學設教緣跡煥然備悉訓俗事源鬱爾咸在然而講匠英德銳精於玄義新進晚習專志於轉讀遂令法門常務月修而莫識其源僧衆恒儀日用而不知其始不亦甚乎余以率情業謝多聞六時之隙頗好尋覽於是檢閱事緣討其根本遂綴翰墨以藉所好庶辯始以驗末明古以證今至於經唄導師之集龍華聖僧之會菩薩稟戒之法止惡興善之教或制起帝皇或功積黎庶並八正基趾十力達路雖事寄形跡而勳

遍空界宋齊之隆實弘斯法大梁受命導冠百王神敎傍通慧化冥被自幼屆老備觀三代常願一乘寶訓與天地而彌新四部盛業隨日月而長照是故記錄舊事以章勝緣條例叢雜故謂之法苑區以類別凡爲十卷豈足簡夫淵識蓋布之眷屬而已

優塡王旃檀像波斯匿王紫金像記第一　出增一阿鋡

迦蘭陀長者初造竹園精舍緣記第二　出過去因果經

須達長者初造髮爪塔記第三　出十誦律

右二十二首佛寶集卷第一
初集大乘法藏緣記第一　出胎經
初集小乘三藏緣記第二　出大智論
打揵椎緣記第三　出十誦律
登高座緣記第四　出十誦律
法師捉象牙裝扇講緣記第五　出善見毗婆沙
行般舟三昧念佛緣記第六　出般舟經
禪法禪杖禪鎮緣記第七　出十誦律
齋主讚歎緣記第八　出十誦律
八關齋緣記第九　出八關齋經

月六齋緣記第十　出大智論
八王日齋緣記第十一　出淨度三昧經
歲三長齋緣記第十二　出正齋經
菩薩六法行緣記第十三　出菩薩受齋經
菩薩齋法緣記第十四　出菩薩受齋經
三七忌日緣記第十五　出普廣經
法社建功德邑記第十六　出法社經
盂蘭盆緣記第十七　出目連問經
放生緣記第十八　出雜阿含第四卷
救生命緣記第十九　出金光明經

施曠野鬼食緣記第二十　出大涅槃經

鬼子母緣記第二十一　出鬼子母經

右二十一首法寶集上卷第二

呪用楊枝淨水緣第一　出請觀世音經

百結緣記第二神王護身呪經

讀呪受持五事緣記第三　出大涅槃經

結呪壇緣記第四護身灌頂經

神印緣記第五　出大灌頂經

筞卜緣記第六　出梵天筞經

彌勒六時懺悔法緣記第七　出彌勒問本願經

常行五法緣第八　出五戒論
普賢六根悔法第九　出普賢觀經
觀世音菩薩所說救急消災滅罪治病要行法第十　出觀世音經
虛空藏懺悔記第十一　出虛空藏經
方廣陀羅尼七衆悔法緣記第十二　出彼經
金光明懺悔法第十三　出金光明
常行道讚歎咒願第十四　出福田經
受食咒願緣記第十五　出普耀經
受施粥咒願緣記第十六　出僧祇律

七種施福勝記第十七　出福田經
嚫施緣記第十八　出增一阿含經
阿育王捨施還贖取緣記第十九　出雜阿含阿育王經
布施呪願緣第二十　出辯意經
爲亡人設福呪願文第二十一　出僧祇律
生子設福呪願文第二十二　出僧祇律
作新舍呪願文第二十三　出僧祇律
遠行設福呪願文第二十四　出僧祇律
取婦設福呪願文第二十五　出僧祇律
菩薩發願第二十六　出菩薩本業經

無常咒願第二十七　出中本起經
梵書緣記第二十八　出經抄
六十四書緣記第二十九　出普耀經
　右二十九首法寶集下卷第三
初度五比丘緣記第一　出中本起經
初度比丘尼記第二　出中本起經
初度優婆塞優婆夷記第三　出彌沙塞律
國王初見佛緣記第四　出因果經
比丘上下坐緣記第五　出十誦律
布薩緣記第六　出五分律

供養聖僧緣記第十四　出賓頭盧經
僧次請僧緣記第十五　出十誦律
經行法式緣記第十六　出十誦律
施僧淨人緣記第十七　出十誦律
看病比丘緣記第十八　出十誦律
比丘泥洹轝緣記第十九　出佛泥洹經
比丘遣人代齋會并作淨法緣記第二十　出十誦律
比丘欲食當先燒香唄讚緣記第二十一　出大遺教經
優婆塞造作衣服鉢器及受飲食先應供養緣記第二十二　出優婆塞戒經

右二十二首僧寶集下卷第五

帝釋樂人般遮瑟歌唄第一　出中本起經
佛讚比丘唄利益記第二　出十誦律
億耳比丘善唄易了解記第三　出十誦律
婆提比丘響徹梵天記第四　出增一阿含
上金鈴比丘妙聲記第五　出賢愚經
音聲比丘尼記第六　出僧祇律
法橋比丘現感妙聲記第七　出志節傳
陳思王感漁山梵聲製唄記第八
支謙製連句梵唄記第九

北封

導師記第二十
安法師法集舊制三科第二十一
右二十一首經唄導師集卷第六
宋明皇帝初造龍華誓願文第一　周顒作
京師諸邑造彌勒像三會記第二
齊竟陵文宣王龍華會記第三
右三首龍華像會卷第七
長干寺阿育王金像記第一
吳郡臺寺釋慧護造丈六金像記第二
瓦官寺釋僧洪造丈六金像記第三

荆州沙門釋僧亮造無量壽丈六金像記第四
宋孝武皇帝造無量壽金像記第五
宋明皇帝造丈四金像記第六
定林獻正於龜兹造金槌鍱像記第七
林邑國獻無量壽鍮石像記第八
譙國二戴造夾紵像記第九
宋明帝齊文宣造行像八部鬼神記第十
晉孝武世師子國獻白玉像記第十一
宋明帝陳太妃造白玉像記第十二
河西國造織珠結珠二像記第十三

齊武皇帝造釋迦瑞像記第十四

右十四首雜圖像上卷第八

齊武皇帝供聖僧靈瑞記第五
宋明皇帝四城門請僧次記第六
京師諸寺無遮齋講并勝集記第七
右七首經藏正齋集卷第十

菩薩戒初至次第受法記第一
宋明帝受菩薩戒自誓文第二
竟陵文宣王受菩薩戒記第三
天保寺集優婆塞講記第四
文宣王集優婆塞布薩記第五
宋齊勝士受菩薩戒名錄第六

右六首受菩薩戒集第十一

竟陵文宣王第內施藥記第十
竟陵文宣王僧得施文記第十一
竟陵文宣王三業施文第十二
竟陵文宣王施食供養書第十三
右十三首止惡興善集卷第十二
皇帝後堂建講記第一
皇帝後堂八關齋造十種燈記第二
皇帝六條制護法記第三
皇帝修慈去滋味記第四
皇帝宮內建講記第五

皇帝注大品經記第三
皇帝造十無盡藏記第四
皇帝遣諸僧諮外國尋禪經記第五
右五首大梁功德下卷第十四

弘明集目錄序第八　釋僧祐撰

夫覺海無涯慧鏡圓照化妙域中實陶鑄於堯舜理擅繫表乃埏埴乎周孔矣然道大信難聲高和寡須彌峻而藍風起寶藏積而怨賊生昔如來在世化震大千猶有天魔稸忿六師懷毒況乎像季其可勝哉自大法東漸歲幾五百緣各信否運亦崇替正見者

敷讚邪惑者謗訕至於守文典儒則拒爲異教巧言左道則引爲同法拒有拔本之迷引有朱紫之亂遂令詭論稍繁訛辭孔熾夫鶡鴠鳴夜不翻白日之光精衛銜石無損滄海之勢然以闇亂明以小罔大雖莫動毫髮而有塵眂聽將令弱植之徒隨僞辯而長迷倒置之倫逐邪說而永溺此幽塗所以易墜淨境所以難陟者也祐以末學誌深弘護靜言浮俗憤慨于心遂以藥疾微閒山棲餘暇撰古今之明篇揔道俗之雅論其有刻意剪邪建言衛法製無大小莫不畢採又前代勝士書記文述有益三寳亦皆編錄類

聚區分列爲十卷夫道以人弘教以文明弘道明教故謂之弘明集兼率淺懷附論于末庶以消埃微裨瀛岱但學孤識寡愧在褊局傅練君子惠增廣焉牟子理惑

右第一卷

孫綽喻道論　宋炳明佛論

右第二卷

宋居士炳答何中丞承天書難白黑論

顏光祿延之難何中丞承天達性論

右第三卷

明徵士僧紹正二教論

周剡令顒難張長史融門律

右第四卷

道恒法師釋駮論　慧通法師折夷夏論

僧愍法師戎華論　玄光法師辯惑論

劉勰滅惑論

右第五卷

羅君章更生論　孫盛難羅重答

鄭道子神不滅論　遠法師沙門不敬王者論五篇

遠法師沙門袒服論　何鎮南難并答

遠法師答桓玄明報應論
遠法師因俗疑善惡無現驗三報論
右第六卷
何司空尚之答宋文皇帝讚揚佛法事
高明二法師答李交州淼難佛不見形事并李書
司徒文宣王書與孔中丞稚珪疑惑書并牋答
右第七卷
晉尚書令何充等執沙門不應敬王者奏三首并語二首
廬山慧遠法師答桓玄論沙門不應敬王者書一首并桓玄書二首

廬山慧遠法師與桓玄論料簡沙門書一首并桓玄教一首
支道林法師與桓玄論州符求沙門名籍書一首
道恒道摽二法師答僞秦主姚略勸罷道書三首并姚主書三首
僧䂮僧遷耆婆三法師答姚主書停恒摽奏一首并姚主書三首
廬山慧遠法師答桓玄勸罷道書一首并桓玄書一首
僧嚴法師辭青州刺史劉善明舉其秀才書三首并劉書三首

右第八卷

奉法要郗嘉賓

右第九卷

弘明論　　　　日燭王該作

右第十卷

十誦義記目録序第九　　　　釋僧祐撰

夫戒律者蓋四雙之雲梯五衆之鎔範也性以止制爲本體以無作爲相始袪十惡終圓萬善在昝覺世因事制戒心跡俱防輕重備設持戒堅淨則羅睺惟最曉律精明則波離爲首至于泥曰遺囑慇懃金色迦葉結集斯藏洲渚所依莫踰兹典逮至中葉學同

說異五部之路森然競分仰惟十誦源流聖賢繼踵師資相承業盛東夏但至道難凝微言易爽果向之人猶跡有兩說況在凡識孰能壹論是以近代談講多有同異大律師穎上積道河西振德江東綜學月朗砥行氷潔行以尸羅爲基學以十誦爲本且幼選明師歷事名勝校理精密無幽不貫常以此律廣授二部教流於京寓之中聲高於宋齊之世可謂七衆之宗師兩代之元匠者矣是以講肆之座環春接冬稟業之徒雲聚波沓僧祐藉法乘緣少預鑽仰扈錫待筵二十餘載雖深言遠旨未敢庶幾而章條科目

竊所早習毎服佩思尋懼有墜失遂集其舊聞爲義記十卷夫心識難均意見多緒竊同蒭蕘時綴毫露輙布其别解錄之言未盖率其木訥指序條貫而已晉少述私記辭句未整而好事傳寫數本兼行今削繁補略以後撰爲定敬述先師之旨匪由庸淺之說明哲倘覽採其正意焉

初事第二事兩戒　右第一卷

第三事訖二不定法　右第二卷

三十尼薩耆事　右第三卷

九十事初盡第二誦　右第四卷

三誦　右第五卷
七法　右第六卷
八法　右第七卷
雜誦尼律　右第八卷
增一誦　右第九卷
優波離善誦　右第十卷

法集雜記銘目錄序第十　釋僧祐撰

祐少長山居遊息淨衆雖業勤罔立而誓心無墜常願覺道流於忍土正化隆於像運是以三寶勝跡必也詳錄四衆福緣每事述記所撰法集已爲七部至

於雜記碎文條例無附輙別爲一帙以存時事其山寺碑銘僧衆行記文自彼製而造自鄙衷竊依前古揔入于集雖俗觀爲煩而道緣成業矣

佛牙記一卷　　梵音漢解傳譯記一卷

鍾山定林上寺碑銘一卷　　劉勰

鍾山定林上寺絶跡京邑五僧傳一卷

建初寺初創碑銘一卷　　劉勰

獻統上碑銘一卷　　沈約

僧柔法師碑銘一卷　　劉勰

右七卷共帙

出三藏記集雜錄卷第十四

北封

出三藏記集傳卷第十五

梁　釋　僧　祐　撰

尸梨蜜傳第九
僧伽跋澄傳第十
曇摩難提傳第十一
僧伽提婆傳第十二

安世高傳第一

安清字世高安息國王正后之太子也幼懷淳孝敬養竭誠惻隱之仁爰及蠢類其動言立行若踐規矩焉加以志業聰敏刻意好學外國典籍莫不該貫七曜五行之象風角雲物之占推步盈縮悉窮其變兼洞曉醫術妙善鍼脉覩色知病投藥必濟乃至鳥獸

嗚呼聞聲知心於是俊異之名被於西域遠近鄰國咸敬而偉之世高雖在居家而奉戒精峻講集法施與時相續後王薨將嗣國位乃深悟苦空厭離名器行服既畢遂讓國與叔出家修道博綜經藏尤精阿毗曇學諷持禪經略盡其妙既而遊方弘化遍歷諸國以漢桓帝之初始到中夏世高才悟機敏一聞能達至止未久即通習華語於是宣譯衆經改梵爲漢出安般守意陰持入經大小十二門及百六十品等初外國三藏衆護撰述經要爲二十七章世高乃剖析護所集七章譯爲漢文即道地經也其先後所出

經凡三十五部義理明析文字允正辯而不華質而
不野凡在讀者皆亹亹而不惓焉世高窮理盡性自
識宿緣多有神跡世莫能量初世高自稱先身已經
爲安息王子與其國中長者子俱共出家分衛之時
施主不稱同學輒怒世高屢加訶責同學悔謝而猶
不悛改如此二十餘年乃與同學辭訣云我當往廣
州畢宿世之對卿明經精進不在吾後而性多恚怒
命過當受惡形我若得道必當相度旣而遂適廣州
値寇賊大亂行路逢一少年唾手拔刀曰眞得汝矣
世高笑曰我宿命負卿故遠來相償卿之忿怒故是

前世時意也遂伸頸受刃容無懼色賊遂殺之觀者
塡路莫不駭其奇異旣而神識還爲安息王太子卽
今時世高身也世高遊化中國宣經事畢值靈帝之
末關洛擾亂乃杖錫江南云我當過廬山度昔同學
行達䢼亭湖廟此廟舊有靈驗商旅祈禱乃分風上
下各無留滯甞有乞神竹者未許輒取舫卽覆没竹
還本處自是舟人敬憚莫不懾影世高同旅三十餘
船奉牲請福神乃降祝曰舫有沙門可便呼上客咸
共驚愕請世高入廟神告世高曰吾昔在外國與子
俱出家學道好行布施而性多瞋怒今爲䢼亭湖神

周迴千里並吾所統以布施故珍玩無數以瞋恚故
墮此神中今見同學悲欣可言壽盡旦夕而醜形長
大若於此捨命穢汙江湖當度山西空澤中也此身
滅恐墮地獄吾有絹千疋并雜寶物可爲我立塔營
法使生善處也世高曰故來相度何不現形神曰形
甚醜異衆人必懼世高曰但出衆不恠也神從床後
出頭乃是大蟒虵至世高膝邊淚落如雨不知尾之
長短世高向之梵語傍人莫解蟒便還隱世高即取
絹物辭别而去舟侶颺帆神復出蟒身登山頂而望
衆人舉首然後乃滅儵忽之頃便達豫章即以廟物

造立東寺世高去後神即命過暮有一少年上船長跪世高前受其咒願忽然不見世高謂船人曰向之少年即邟亭廟神得離惡形矣於是廟神歇矣無復靈驗後人於西山澤中見一死蟒頭尾相去數里今潯陽郡虵村是其處也世高後復到廣州尋其前世害己少年時少年尚在年已六十餘世高徑投其家共說昔日償對時事并敘宿緣歡喜相向云吾猶有餘報今當往會稽畢對廣州客深悟世高非凡豁然意解追悔前愆厚相資供乃隨世高東行遂達會稽至便入市正值市有鬬者亂相毆擊誤中世高應時

命終廣州客頻驗二報遂精勤佛法具說事緣遠近聞知莫不悲歎明三世之有徵也世高本旣王種名高外國所以西方賓旅猶呼安侯至今爲號焉天竺國自稱書爲天書語爲天語音訓詭蹇與漢殊異先後傳譯多致謬濫唯世高出經爲群譯之首安公以爲若及面稟不異見聖列代明德咸讚而思焉

支讖傳第二

支讖本月支國人也操行淳深性度開敏稟持法戒以精勤著稱諷誦群經志存宣法漢桓帝末遊于洛陽以靈帝光和中平之間傳譯梵文出般若道行品

首楞嚴設舟三昧等三經又有阿闍世王寶積等十部經以歲久無錄安公校練古今精尋文體云似讖所出凡此諸經皆審得本旨了不加飾可謂善宣法要弘道之士也後不知所終

沙門竺朔佛者天竺人也漢桓帝時亦賫道行經來適洛陽即轉梵爲漢譯人時滯雖有失旨然棄文存質深得經意朔又以靈帝光和二年於洛陽譯出般舟三昧經時讖爲傳言河南洛陽孟福張蓮筆受時又有支曜譯出成具光明經云

安玄傳第三

安玄安息國人也志性貞白深沈有理致爲優婆塞秉持法戒毫釐弗虧博誦群經多所通習漢靈帝末遊賈洛陽有功號騎都尉性虛靜温恭常以法事爲已務漸練漢言志宣經典常與沙門講論道義世所謂都尉玄也玄與沙門嚴佛調共出法鏡經玄口譯梵文佛調筆受理得音正盡經微旨郢匠之美見述後代

佛調臨淮人也綺年穎悟敏而好學信慧自然遂出家修道通譯經典見重於時世稱安侯都尉佛調三人傳譯號爲難繼佛調又撰十慧並傳於世安公稱

佛調出經省而不煩全本妙巧次有康孟詳者其先康居人也譯出中本起安公稱孟詳出經奕奕流便足騰玄趣後有沙門維祇難者天竺人也以孫權黃武三年賫曇鉢經梵本來至武昌曇鉢卽法句經也時支謙請出經乃令其同道竺將炎傳譯謙寫爲漢文將炎未善漢言頗有不盡然志存義本近於質實今所傳法句是也白延者不知何許人魏正始之末重譯出首楞嚴又須賴及除災患經凡三部云

康僧會傳第四

康僧會其先康居人世居天竺其父因商賈移于交

阯會年十餘歲二親並亡以至性奉孝旣而出家礪行甚峻爲人弘雅有識量篤志好學明練三藏博覽六典天文圖緯多所貫涉辯於樞機頗屬文翰時孫權已稱制江左而未有佛教會欲運流大法乃振錫東遊以赤烏十年至建業營立茅茨設像行道有司奏曰有梵人入境自稱沙門容服非恒事應驗察權曰吾聞漢明夢神號稱爲佛彼之所事豈其遺風耶卽召會詰問有何靈驗會曰如來遷跡忽逾千載遺骨舍利神曜無方昔阿育王起塔乃八萬四千夫塔寺之興所以表遺化也權以爲誇誕乃謂會曰若能

得舍利當爲造塔如其虛妄國有常刑會請期七日乃謂其屬曰法之興廢在此一舉今不至誠後將何及乃共潔齋靜室以銅瓶加几燒香禮請七日期畢寂然無應求申二七亦復如之權曰此欺誑也將欲加罪會更請三七權又特聽會曰法雲應被而吾等無感何假王憲當誓死爲期耳三七日暮猶無所見莫不震懼既入五更忽聞瓶中鏗然有聲會自往視果獲舍利明旦呈權舉朝集觀五色光焰照燿瓶上權手自執瓶瀉于銅盤舍利所衝盤即破碎權肅然驚起曰希有之瑞也會進而言曰舍利威神豈直光

相而巳乃劫燒之火不能燔金剛之杵不能壞矣權命取鐵槌砧使力士擊之砧槌並陷而舍利無損權大嗟服卽爲建塔以始有佛寺故曰建初寺因名其地爲佛陀里由是江左大法遂興至孫晧昏虐欲燔塔廟群臣僉諫以爲佛之威力不同餘神康會感瑞大皇創寺今若輕毁恐貽後悔晧遣張昱詣寺詰會昱雅有才辯難問縱橫會應機騁辭文理鋒出自旦至夕昱不能屈旣退會送于門時寺側有淫祀者昱曰玄化旣孚此輩何故近而不革會曰雷霆破山聾者不聞非音之細茍在理通則萬里懸應如其阻塞

則肝膽楚越昱還歎會才明非臣所測願天鑒察之晧大集朝賢以馬車迎會會就坐晧問曰佛教所明善惡報應何者是耶會對曰夫明主以孝慈訓世則赤烏翔而老人星見仁德育物則醴泉涌而嘉禾出善既有瑞惡亦如之故爲惡於隱鬼得而誅之爲惡於顯人得而誅之易稱積惡餘殃詩詠求福不回雖儒典之格言卽佛教之明訓也晧曰若然則周孔已明之矣何用佛教會曰周孔雖言略示顯近至於釋教則備極幽遠故行惡則有地獄長苦修善則有天宮永樂舉兹以明勸沮不亦大哉晧當時無以折其

言皓雖聞正法而昏暴之性不勝其虐後使宿衛兵
入後宮治園於地中得一立金像高數尺以呈皓皓
使著廁前至四月八日皓至廁汙穢像云灌佛訖還
與諸臣共笑爲樂未暮陰囊腫痛叫呼不可堪忍太
史占言犯大神所爲群臣禱祀諸廟無所不至而苦
痛彌劇求死不得婇女先有奉法者聞皓病因問訊
云陛下就佛圖中求福不皓舉頭問佛神大耶婇女
荅佛爲大聖天神所尊皓心遂悟其語意故婇女即
迎像置殿上香湯洗數十遍燒香懺悔皓於枕上叩
頭自陳罪逆有頃所痛即間遣使至寺問訊諸道人

能說經者令來見僧會即隨使入晧問罪福之由會其爲敷析辭甚精辯晧先有才解欣然大悦因求看沙門戒會以戒文祕禁不可輕宣乃取本業百三十五願分作二百五十事行住坐卧皆願衆生晧見慈願致深世書所不及益增善意即就會受五戒旬日疾瘳乃修治會所住寺號爲天子寺宣勑宮内宗室群臣莫不必奉會在吳朝亟說正法以晧性凶麄不及妙義唯敘報應近驗以開諷其心焉會於建初寺譯出經法阿難念彌經鏡面王察微王梵皇王經道品及六度集並妙得經體文義允正又注安般守意

法鏡道樹三經并製經序辭趣雅贍義旨微密並見重後世會以晉武帝太康元年卒

朱士行傳第五

朱士行潁川人也志業清粹氣韻明烈堅正直方勸沮不能移焉少懷遠悟脱落塵俗出家以後便以大法爲已任常謂入道資慧故專務經典初天竺朔佛以漢靈帝時出道行經譯人口傳或不領輒抄撮而過故意義首尾頗有格礙士行嘗於洛陽講小品往往不通每歎此經大乘之要而譯理不盡誓志捐身遠求大品遂以魏甘露五年發迹雍州西渡流沙既

至于闐果寫得正品梵書梵本九十章六十萬餘言遣弟子不如檀晉言法饒凡十人送經梵本還洛陽未發之間于闐小乘學衆遂以白王云漢地沙門欲以婆羅門書惑亂正典王爲地主若不禁之將斷大法聾盲漢地王之咎也王即不聽賫經士行憤慨乃求燒經爲證王欲試驗乃積薪殿庭以火燔之士行臨階而誓曰若大法應流漢地者經當不燒若其無應命也如何言已投經火即爲滅不損一字皮牒如故大衆駭服稱其神感遂得送至陳留倉垣水南寺河南居士竺叔蘭善解方言譯出爲放光經二十卷

士行年八十而卒依西方闍維法薪盡火滅而尸骸猶全衆咸驚異乃呪曰若眞得道法當毀壞應聲碎散遂斂骨起塔焉

支謙傳第六

支謙字恭明一名越大月支人也祖父法度以漢靈帝世率國人數百歸化拜率善中郎將越年七歲騎竹馬戲於鄰家爲狗所囓脛骨傷碎鄰人欲殺狗取肝傅瘡越曰天生此物爲人守吠若不往君舍狗終不見囓此則失在於我不關於狗若殺之得差尚不可爲況於我無益而空招大罪且畜生無知豈可理

責由是村人數十家感其言悉不復殺生十歲學書同時學者皆伏其聰敏十三學梵書備通六國語初桓靈世支讖譯出法典有支亮紀明資學於讖謙又受業於亮博覽經籍莫不究練世間藝術多所綜習其爲人細長黑瘦眼多白而精黃時人爲之語曰支郎眼中黃形體雖細是智囊其本奉大法精練經旨獻帝之末漢室大亂與鄉人數十共奔於吳初發日唯有一被有一客隨之大寒無被越呼客共眠夜將半客奪其被而去明旦同侶問被所在越曰昨夜爲客所奪同侶咸曰何不相告答曰我若告發卿等必

以劫罪罪之豈宜以一被而殺一人乎遠近聞者莫不歎服後吳主孫權聞其博學有才慧卽召見之因問經中深隱之義越應機釋難無疑不析權大悅拜爲博士使輔導東宮甚加寵秩越以大教雖行而經多梵文莫有解者旣善華梵之語乃收集衆本譯爲漢言從黃武元年至建興中所出維摩詰大般泥洹法句瑞應本起等二十七經曲得聖意辭旨文雅又依無量壽中本起經製讚菩薩連句梵唄三契注了本生死經皆行於世後太子登位卒遂隱於穹隆山不交世務從竺法蘭道人更練五戒凡所遊從皆沙

門而已後來於山中春秋六十吳主孫亮與衆僧書曰支恭明不救所疾其業履沖素始終可高爲之惻愴不能已已其爲時所惜如此

竺法護傳第七

竺法護其先月支國人也世居燉煌郡年八歲出家事外國沙門竺高座爲師誦經日萬言過目則能天性純懿操行精苦篤志好學萬里尋師是以博覽六經涉獵百家之言雖世務毀譽未嘗介於視聽也是時晉武帝之世寺廟圖像雖崇京邑而方等深經蘊在西域護乃慨然發憤志弘大道遂隨師至西域遊

歷諸國外國異言三十有六種書亦如之護皆遍學貫綜詁訓音義字體無不備曉遂大賫梵本還歸中夏自燉煌至長安沿路傳譯寫爲晉文所獲大小乘經賢劫大哀正法華普耀等凡一百四十九部孜孜所務唯以弘通爲業終身譯寫勞不告惓經法所以廣流中華者護之力也護以晉武之末隱居深山山間有清澗恒取澡漱後有採薪者穢慢其側水俄頃而燥護乃徘徊歎曰水若永竭眞無以自給正當移去耳言訖而泉流滿澗其幽誠所感皆此類也後立寺於長安清門外精勤行道於是德化四布聲蓋遠

近僧徒千數咸來宗奉時有沙彌竺法乘者八歲聰慧依護爲師關中有甲族欲奉大法試護道德僞往告急求錢二十萬護未有答乘年十三侍在師側即語客曰和上意已相許矣客退乘曰觀此人神色非實求錢將以觀和尚道德何如耳護曰吾亦以爲然明日此客率其一宗百餘口詣護請受五戒具說求錢意於是四方士庶聞風嚮集宣隆佛化二十餘年後值惠帝西幸長安關中蕭條百姓流移護與門徒避地東下至澠池遘疾卒春秋七十有八後孫興公製道賢論以天竺七僧方竹林七賢以護比山巨源

其論云護公德居物宗巨源位登論道二公風德高遠足爲流輩其見美後代如此初護於西域得超日明經梵本譯出頗多繁重時有信士聶承遠乃更詳正文偈删爲二卷今之所傳經是也承遠明練有才理篤志法務護公出經多參正焉懷惠之際有沙門法炬者不知何許人譯出樓炭經炬與沙門法立共出法句喻及福田二經法立又訪得梵本别譯出百餘首未及繕寫會病而卒尋值永嘉擾亂湮滅不存

竺叔蘭傳第八

竺叔蘭本天竺人也祖父婁陀篤志好學清簡有節

操時國王無道百姓思亂有賤臣將兵得罪懼誅以其國豪呼與共反婁陀怒曰君出於微賤而任居要職不能以德報恩而反爲逆謀乎我寧守忠而死不反而生也反者懼謀泄即殺之而作亂婁陀子達摩尸羅齊言法首先在他國其婦兄二人並爲沙門聞父被害國內大亂即與二沙門奔晉居于河南生叔蘭叔蘭幼而聰辯從二舅資受經法一聞而悟善梵漢語及書亦兼諸文史然性頗輕躁遊獵無度嘗單騎逐鹿值虎墮馬折其右臂久之乃差後馳騁不已母數訶諫終不改爲之蔬食乃止性嗜酒飲至五六

斗方暢嘗大醉臥于路傍仍入河南郡門喚呼吏録送河南獄時河南尹樂廣與賓客共酣已醉謂蘭曰君僑客何以學人飲酒叔蘭曰杜康釀酒天下共飲何問僑舊廣又曰飲酒可尒何以狂亂乎荅曰民雖狂而不亂猶府君雖醉而不狂廣大笑時坐客曰外國人那得面白叔蘭曰河南人面黑尚不疑僕面白復何怪耶於是賓主歎其機辯遂釋之頃之無疾暴亡三日還蘇自說入一朱門金銀爲堂見一人自云是其祖父謂叔蘭曰吾修善累年今受此報汝罪人何得來耶時守門人以杖驅之入竹林中見其獵伴

爲鷹犬所啄齧流血號叫求救於叔蘭叔蘭走避數十步值牛頭人欲叉之叔蘭曰我累世佛弟子常供二沙門何罪見治牛頭人荅此雖受福不關獵罪俄而見其兩舅來語牛頭曰我等二人恒受其供惡少善多可得相免遂隨道人歸既而還甦於是改節修慈專志經法以晉元康元年譯出放光經及異維摩詰十餘萬言既學兼梵漢故譯義精究後遭母艱三月便欲葬有鄰人告曰今歲月不便可待來年叔蘭曰夫生者必有一死死者不復再生人神異塗理之然也若使亡母棲靈有地則烏鳥之心畢矣若待來

年恐逃走無地何暇奉塋乎遂卽葬畢明年石勒果作亂寇賊縱横因避地奔荆州後無疾忽告知識曰吾將死矣數日便卒識者以爲知命

尸梨蜜傳第九

尸梨蜜西域人也時人呼之爲高座傳云國王之子當承繼世而以國讓弟闇軌太伯既而悟心天啓遂爲沙門蜜天資高朗風骨邁舉直尒對之便自卓出於物西晉永嘉中始到此土止建初寺丞相王導一見而奇之以爲吾之徒也由是名顯太尉庾元規光祿周伯仁太常謝幼與廷尉桓茂倫皆一代名士見

之終日累歎披衿致契導常詣蜜解帶偃伏悟言神解時尚書令卞望之亦與蜜致善卞令風裁貴整以軌度格物須臾卞至蜜乃更斂衿飾容端坐對之諸公於是歎其精神灑麗皆得其所桓廷尉曽欲爲蜜作目久之未得有云尸梨蜜可稱卓朗於是桓乃咨嗟絕歎以爲標題之極大將軍王處仲時在南夏聞王周諸公器重蜜疑以爲失鑒及自見蜜乃振欣奔至一面便盡虔周顗爲僕射領選入過視蜜乃撫背而歎若使太平世盡得選此賢輩眞令人無恨俄而顗遇害蜜往省其孤對坐作梵唄三契梵響凌雲

次誦咒數千言聲音高暢顏容不變旣而揮涕抆淚
神氣自若其哀樂廢興皆此類也王公嘗謂蜜外國
正當有君一人而已耳蜜笑而答曰若使我如諸君
今日豈得在此當時以爲當言蜜性高簡不學晉語
諸公與之語言蜜因傳譯然而神領意解頓盡言前
莫不歎其自然天拔悟得非常蜜善持咒術所向皆
驗初江東未有咒法蜜傳出孔雀王諸神咒又授弟
子覓歷高聲梵唄傳響于今年八十餘咸康中卒諸
公聞之痛惜流涕宣武桓公嘗云少見高座稱其精
神淵著當年出倫其爲名士所歎如此

僧伽跋澄傳第十

僧伽跋澄罽賓人也毅然有淵懿之量歷尋名師修習精詣博覽衆典特善數經闇誦阿毗曇毗婆沙貫其妙旨常浪志遊方觀風弘化符堅之末來入關中先是大乘之典未廣禪數之學甚盛既至長安咸稱法匠焉堅祕書郎趙政字文業博學有才章即堅之琳璃也崇仰大法嘗聞外國宗習阿毗曇毗婆沙而跋澄諷誦乃四事禮供請譯梵文遂共名德法師釋道安集僧宣譯跋澄口誦經本外國沙門曇摩難提筆受爲梵文佛圖羅刹宣譯秦沙門敏智筆受爲漢

文以僞建元十九年譯出自孟夏至中秋方訖初跋澄又賫婆須蜜梵本自隨明年趙政復請出之跋澄乃與曇摩難提及僧伽提婆三人共執梵本秦沙門竺佛念宣譯慧嵩筆受安公法和對共校定故二經流布傳學迄今跋澄戒德整峻虛靜離俗關中僧衆則而象之後不知所終佛圖羅剎者不知何國人德業純白該覽經典久遊中土善閑漢言其宣譯梵文見重符世焉

曇摩難提傳第十一

曇摩難提兜佉勒國人也齠歲出家聰慧夙成研諷

經典以專精致業遍觀三藏闇誦增一中阿含經博識洽聞靡所不練是以國內遠近咸共推服少而觀方遍涉諸國常謂弘法之體宜宣布未聞故遠冒沙河懷寶東遊以符堅建元二十年至于長安先是中土群經未有四鋡堅侍臣武威太守趙政志深法藏乃與安公共請出經是時慕容沖已叛起兵擊堅關中騷動政於長安城內集義學僧寫出兩經梵本方始翻譯竺佛念傳譯慧嵩筆受自夏迄春綿歷二年方訖其二阿鋡凡一百卷自經流東夏迄于符世卷數之繁唯此爲廣難提學業既優道聲甚盛堅屢禮

請厚致供施在秦積載後不知所終
竺佛念涼州人也志行弘美辭才辯贍博見多聞雅識風俗家世河西通習方語故能交譯華梵宣法關渭苻姚二代常參傳經二鋡之具蓋其功也

僧伽提婆傳第十二

僧伽提婆罽賓國人也姓瞿曇氏入道修學遠求明師兼通三藏多所誦持尤善阿毗曇心洞其纖旨常誦三法度晝夜嗟味以爲道之府也爲人俊朗有深鑒儀止温恭務在誨人恂恂不怠苻氏建元中入關宣流法化初安公之出婆須蜜經也提婆與僧伽跋

澄共執梵文後令曇摩難提出二阿鋡時有慕容之難戎世建法倉卒未練安公先所出阿毗曇廣說三法度等諸經凡百餘萬言譯人造次未善詳審義旨句味往往愆謬俄而安公棄世不及改正後山東清平提婆乃與冀州沙門法和俱適洛陽四五年間研講前經居華歲積轉明漢語方知先所出經多有乖失法和歎恨未定重請譯改乃更出阿毗曇及說廣先出衆經漸改定焉頃之姚興王秦法事其盛於是法和入關而提婆度江先是廬山慧遠法師翹勤妙典廣集經藏虛心側席延望遠賓聞其至止即請入

廬岳以太元十六年請譯阿毗曇心及三法度等經提婆乃於波若臺手執梵本口宣晉言去華存實務盡義本今之所傳蓋其文也至隆安元年遊于京師晉朝王公及風流名士莫不造席致敬時衛軍東亭侯王珣雅有信慧住持正法建立精舍廣招學衆提婆至止珣卽延請乃於其舍講阿毗曇名僧畢集提婆宗致既精辭旨明析振發義奧衆咸悅悟時王恂僧彌亦在聽坐後於別屋自講珣問法綱道人僧彌所得云何答曰大略全是小未精覈耳其敷演妙明易啟人心如此其年冬殉集京都義學沙門四十餘

人更請提婆於其寺譯出中阿鋡罽賓沙門僧伽羅叉執梵本提婆翻爲晉言至來夏方訖其在關洛江左所出衆經垂百餘萬言歷遊華梵備悉風俗從容機警善於談笑其道化聲譽莫不聞焉未詳其卒歲月提婆或作提和蓋音訛故不同云

出三藏記集傳卷第十五上

出三藏記集傳上卷第十五　三

出三藏記集傳卷第十六

梁　釋　僧　祐　撰

沮渠安陽侯傳第九

求那毗地傳第十

鳩摩羅什傳第一

鳩摩羅什秦言童壽天竺人也家世國相什祖父達多倜儻不群名重於國父鳩摩琰聰明有懿節將嗣相位乃辭避出家東度葱嶺龜兹王聞其棄榮甚敬慕之自出郊迎請爲國師王有妹年始二十才悟明敏過目必能一聞則誦且體有赤黶法生智子諸國聘之並不行及見琰心欲當之王聞大喜逼琰爲妻遂生什什之在胎其母慧解倍常往雀梨大寺聽經

忽自通天竺語衆咸歎異有羅漢達摩瞿沙曰此必懷智子爲說舍利弗在胎之證既而生什岐嶷若神什生之後還忘前語頃之其毋出家修道學得初果什年七歲亦俱出家從師受經口誦日得千偈偈有三十二字凡三萬二千言誦毗曇既過師授其義卽自通解無幽不暢時龜兹國人以其毋王女利養甚多乃攜什避之什年九歲進到罽賓遇名德法師槃頭達多卽罽賓王之從弟也淵粹有大量三藏九部莫不綫貫亦日誦千偈名播諸國什既至仍師事之遂誦雜藏中阿鋡長阿鋡凡四百萬言達多每與什

論議深推服之聲徹於王王即請入集外道論師共相攻難言氣始交外道輕其幼稚言頗不順什乘其隙而挫之外道折伏愧惋無言王益敬異日給鵝腊一雙粳麪各三斗酥六升此外國之上供也所住寺僧乃差大僧五人沙彌十人營視灑掃有若弟子其見尊崇如此至年十二其母攜還龜茲至月氐北山有一羅漢見而異之謂其母言常當守護此沙彌若至三十五不破戒者當大興佛法度無數人與漚波掬多無異若戒不全無能爲也正可才明儁詣法師而已什進到沙勒國頂戴佛鉢心自念言鉢形甚大

何其輕耶卽重不可勝失聲下之母問其故答曰我心有分別故鉢有輕重耳什於沙勒國誦阿毗曇六足諸論增一阿鋡及還龜茲名蓋諸國時龜茲僧衆一萬餘人疑非凡夫咸推而敬之莫敢居上由是不預燒香之次遂博覽四韋陀五明諸論外道經書陰陽星算莫不究曉妙達吉凶言若符契性率達不礪小檢修行者頗非之什自得於心未嘗介意後從佛陀耶舍學十誦律又從須利耶蘇摩諮禀大乘乃歎曰吾昔學小乘譬人不識金以鍮石爲妙矣於是廣求義要誦中百二論於龜茲白純王新寺得放光經

始披讀魔來蔽文唯見空牒什知魔所爲誓心愈固魔去字顯仍習誦之後於雀梨大寺讀大乘經忽聞空中語曰汝是智人何以讀此什曰汝是小魔宜時速去我心如地不可轉也停住二年廣誦大乘經論洞其祕奧後往罽賓爲其師槃頭達多具說一乘妙義師感悟心服即禮什爲師言我是和上小乘師和尚是我大乘師矣西域諸國伏什神俊咸共崇仰每至講說諸王長跪高座之側令什踐其膝以登焉什道震西域聲被東國苻氏建元十三年歲次丁丑正月太史奏有星見外國分野當有大德智人入輔中

國堅素聞什名乃悟曰朕聞西域有鳩摩羅什將非此耶十九年即遣驍騎將軍呂光將兵伐龜兹及烏耆諸國臨發謂光曰聞彼有鳩摩羅什深解法相善閑陰陽爲後學之宗朕甚思之若尅龜兹即馳驛送什光軍未至什謂其王帛純曰國運衰矣當有勍敵日下人從東方來宜恭承之勿抗其鋒純不從而戰光遂破龜兹殺純獲什光性疎慢未測什智量見其年尚少乃凡人戲之强妻以龜兹王女什距而不受辭甚苦到光曰道士之操不踰先父何所苦辭乃飲以淳酒同閉密室什被逼既至遂虧其節或令騎牛

及乘惡馬欲使墮落什常懷忍辱曾無異色光慙愧而止光還中路置軍於山下將士已休什曰不可在此必見狼狽宜徙軍隴上光不納至夜果大雨洪潦瀑起水深數丈死者數千光始敬異之什謂光曰此凶亡之地不可淹留推數揆運應速言歸中路必有福地可居光從之至涼州聞苻氏已滅遂割據涼土制命一隅焉正月姑臧大風什曰不祥之風當有奸叛然不勞自定也俄而梁謙彭晃相繼而反尋皆殄滅光龍飛二年張掖盧水胡沮渠男成及從弟蒙遜反推建康太守段業爲主光遣子太原公纂率衆五

萬討之時論謂業等烏合纂有威聲勢必全剋光以問什什曰觀察此行未見其利既而纂敗績僅以身免光中書監張資文翰温雅識量沉粹寢疾困篤光博營救療有外國道人羅叉云能差資病光喜給賜甚豐什知叉誑詐告資曰叉不能爲益徒煩費耳冥運雖隱可以事試也乃以五色絲作繩結之燒爲灰末投水中灰若出水還成繩者病不可愈須臾灰聚浮出復繩本形既而叉治無效少日資亡頃之呂光卒子纂襲僞位咸寧二年有猪生子一身三頭龍出東廂井中到殿前蟠臥比旦失之纂以爲美瑞號大

殿爲龍翔殿俄而有黑龍升於當陽九宮門纂改九宮門爲龍興門什奏曰比日潛龍出遊豕妖表異龍者陰類出入有時而今屢見則爲災眚必有下人謀上之變宜剋己修德以荅天威纂不納與什博戲殺棊曰斫胡奴頭什輒荅曰不能斫胡奴胡奴將斫人頭此言有旨纂終不悟後纂從弟超小名胡奴果殺纂斬首其預覩徵兆皆此類也停涼積年呂光父子既不弘道故韞其經法無所宣化苻堅已亡竟不相見姚萇聞其高名虛心要請到晉隆安二年呂隆始聽什東既至姑臧會萇卒子興立遣使迎什弘始三

年有樹連理生于廟庭逍遥園葱變爲茝到其年十
二月二十日什至長安興待以國師之禮甚見優寵
自大法東被始於漢明歷涉魏晉經論漸多而支竺
所出多滯文格義與少崇三寶鋭志講集什既至止
仍請入西明閣逍遥園譯出衆經什率多闇誦無不
究達轉解秦言音譯流利既覽舊經義多乖謬皆由
先譯失旨不與梵本相應於是興使沙門僧䂮僧䂮
僧遷等八百餘人諮受什旨更令出大品什持梵本
興執舊經以相讎校其新文異舊者義皆圓通衆心
愜服莫不欣讚焉興宗室常山公顯安成侯嵩並篤

信緣業屢請什於長安大寺講說新經續出小品金剛般若十住法華維摩思益首楞嚴華首持世佛藏菩薩藏遺教菩提無行呵欲自在王因緣觀一分無量壽新賢劫諸法無行禪經禪法要禪要解彌勒成佛彌勒下生稱揚諸佛功德十誦律戒本大智成實十住中百十二門諸論三十三部三百餘卷並顯揚神源發揮幽致于時四方義學沙門不遠萬里名德秀拔者才暢二公乃至道恒僧摽僧叡僧敦僧弼僧肇等三千餘僧稟訪精研務窮幽旨廬山慧遠道業沖粹乃遣使修問龍光道生慧解洞微亦入關諮稟

傳法之宗莫與競爽盛業久大至今式仰焉初沙門僧叡才識高朗常隨什傳寫什每爲叡論西方辭體商略同異云天竺國俗甚重文藻其宮商體韻以入絃爲善凡覲國王必有讚德見佛之儀以歌歎爲尊經中偈頌皆其式也但改梵爲秦失其藻蔚雖得大意殊隔文體有似嚼飯與人非徒失味乃令嘔穢也什嘗作頌贈沙門法和云心育明德熏流芳萬由延哀鸞鳴孤桐清響徹九天凡爲十偈辭喻皆爾什雅好大乘志在敷廣嘗歎曰吾若著筆作大乘阿毗曇非迦旃延子比也今在秦地深識者寡折翮於此將

何所論乃悽然而止唯爲姚興著實相論二卷并注維摩出言成章無所刪改辭喻婉約莫非淵奧什爲人神情映徹傲岸出群應機領會鮮有其匹且篤性仁厚汎愛爲心虛巳善誘終日無倦姚主常爲什曰大師聰明超悟天下莫二若一旦後世何可使法種無嗣遂以妓女十人逼令受之自爾以來不住僧房別立廨舍供給豐盈每至講說常先自說譬喻如臭泥中生蓮華但採蓮華勿取臭泥也初什在龜茲從卑摩羅叉律師受律卑摩後入關中什聞至欣然師敬盡禮卑摩未知被逼之事因問什曰汝於漢地大

有重緣受法弟子可有幾人什荅漢境經律未備新經及律多是什所傳出三千徒衆皆從什受法但什累業障深故不受師敬耳又杯度比丘在彭城聞什在長安乃歎曰吾與此子戲別三百餘年杳然未期遲有遇於來生耳什臨終力疾與衆僧告別曰因法相遇殊未盡伊心方復異世惻愴可言自以闇昧謬充傳譯若所傳無謬使焚身之後舌不焦爛以晉義熙中卒于長安即於逍遥園依外國法以火焚屍薪滅形化唯舌不變後有外國沙門來曰羅什所諳十不出一初什一名鳩摩羅耆婆外國製名多以父母

爲本什父鳩摩琰母字耆婆故兼取爲名云

佛陀耶舍傳第二

佛陀耶舍秦言覺明罽賓人也婆羅門種世事外道有一沙門從其家乞其父怒令人毆之遂手脚攣躄不能行止乃問於筮師師對曰坐犯賢人鬼神使然也即請此沙門竭誠悔過數日便瘳因令耶舍出家爲其弟子時年十三嘗隨師遠行於曠野逢虎師欲走避耶舍曰此虎已飽必不侵人俄而虎去前行果見餘肉師密異之至年十五誦經日得五六萬言所住寺常於外分衞廢於誦習有一羅漢重其聰敏恒乞

食供之十九誦大小乘經二百餘萬言然性簡傲頗以知見自處謂少堪已師故不爲諸僧所重但美儀止善談笑見者忘其深恨年及受戒莫爲臨壇所以向立之歲猶爲沙彌乃從其舅學五明諸論世間法術多所通習二十七方受具戒以讀誦爲務手不釋牒每端坐思義不覺虛中而過其專精如此後至沙勒國時太子達摩弗多秦言法子見其容服端雅問所從來耶舍訓對清辯太子悅之仍請宮內供養待遇隆厚羅什後至從其受學阿毗曇十誦律甚相尊敬什隨母東歸耶舍留止頊之王薨太子即位王孫

爲太子時苻堅遣吕光攻龜兹龜兹王急求救於沙勒王自率兵救之使耶舍留輔太子委以後任救軍未至而龜兹已敗王歸具説羅什爲光所執乃歎曰我與羅什相遇雖久未盡懷抱其忽羈虜相見何期停十餘年王薨因至龜兹法化甚盛時什在姑臧遣信要之裹糧欲去國人請留復停歲餘語弟子云吾欲尋羅什可密裝夜發勿使人知弟子曰恐明旦追至不免復還耳耶舍乃取清水一鉢以藥投中呪數十言與弟子洗足即便夜發比至旦行數百里問弟子曰何所覺耶答曰唯聞疾風之響眼中淚出耳耶

舍又與咒水洗足住息明旦國人追之已差數百里不及行達姑臧而什已入長安聞姚興逼以妾媵勸爲非法乃歎曰羅什如好綿何可使入棘中乎什聞其至姑臧勸興迎之興不納頃之命什譯出經藏什曰夫弘宣法教宜令文義圓通貧道雖誦其文未善其理唯佛陀耶舍深達經致今在姑臧願下詔徵之一言三詳然後著筆使微言不墜取信千載也興從之卽遣使招迎厚加贈遺悉不受乃笑曰明旨既降便應載馳檀越待士既厚脫如羅什見處則未敢聞命使還與歎其機慎重信敦喻方至長安興自出候

問別立新省於逍遙園四事供養並不受至時分衛一食而已于時羅什出十住經一月餘日疑難猶豫尚未操筆耶舍既至共相徵決辭理方定道俗三千餘人皆歎其賞要舍爲人髭赤善解毗婆沙故時人號曰赤髭毗婆沙既爲羅什之師亦稱大毗婆沙四輩供養衣鉢供具滿三間屋不以關心興爲貨之於城南造僧伽藍耶舍先誦曇無德律僞司隸校尉姚爽請令出之姚興疑其遺謬乃試耶舍令誦民籍藥方各四十餘紙三日乃執文覆之不誤一字衆服其强記即以弘始十二年譯出爲四十五卷并出長阿

舍經減百萬言涼州沙門竺佛念譯爲秦言道含執
筆至十五年解座興嚫耶舍布絹萬疋悉皆不受佛
念道含布絹各千疋名德沙門五百人皆重嚫施耶
舍後還外國至罽賓尋得虚空藏經一卷寄賈客傳
與涼州諸僧後不知所終

曇無讖傳第三

曇無讖中天竺人也讖六歲遭父憂隨母傭織㲪㲣
爲業見沙門達摩耶舍齊言法明道俗所宗豐於利
養其母羨之故以讖爲其弟子十歲與同學數人讀
呪聰敏出群誦經日得萬餘言初學小乘兼覽五明

諸論講說精辯莫能詶抗後遇白頭禪師共讖論議
習業既異交諍十旬讖雖攻難鋒起而禪師終不肯
屈讖服其精理乃謂禪師曰頗有經典可得見不禪
師卽授以樹皮涅槃經本讖尋讀驚悟方自慙恨以
爲坎井之識久迷大方於是集衆悔過遂專業大乘
年二十所誦大小乘經二百餘萬言讖從兄善能調
象騎殺王所乘白耳大象王怒誅之令曰敢有視者
夷三族親屬莫敢往讖哭而葬之王怒欲誅讖讖曰
王以法故殺之我以親而葬之並不違大義何爲見
怒傍人爲之寒心其神色自若王奇其志氣遂留供

養讖明解呪術所向皆驗西域號爲大呪師後隨王
入山王渴乏須水不能得讖乃密呪石出水因讚曰
大王惠澤所感遂使枯石生泉鄰國聞者皆歎王德
于時雨澤甚調百姓稱詠王悅其道術深加優寵頃
之王意稍歇待之漸薄讖怒曰我當以甖水詣池呪
龍入甖令天下大旱王必請呪然後放龍降雨則見
待何如遂持甖造龍有密告之者王怒捕讖讖懼誅
乃齎大涅槃經本前分十二卷并菩薩戒經菩薩戒
本奔龜茲龜茲國多小乘學不信涅槃遂至姑臧止
於傳舍慮失經本枕之而寢有人牽之在地讖驚覺

謂是盜者如此三夕聞空中語曰此如來解脫之藏何以枕之讖乃慙悟別置高處夜有盜之者舉不能勝乃數過舉之遂不能動明旦讖持經去不以爲重盜者見之謂是聖人悉來拜謝河西王沮渠蒙遜聞讖名呼與相見接待甚厚蒙遜素奉大法志在弘通請令出其經本讖以未參土言又無傳譯恐言舛於理不許卽翻於是學語三年翻爲漢言方共譯寫是時沙門慧嵩道朗獨步河西值其宣出法藏深相推重轉易梵文嵩公筆受道俗數百人疑難縱横讖臨機釋滯未嘗留礙嵩朗等更請廣出餘經次譯大集

大雲大虛空藏海龍王金光明悲華優婆塞戒菩薩地持并前所出菩薩戒經菩薩戒本垂二十部讖以涅槃經本品數未足還國尋求值其母亡遂留歲餘後於于闐更得經本復還姑藏譯之續爲三十六卷焉讖嘗告蒙遜云有鬼入聚落必多災疫遜不信欲躬見爲驗讖卽以術加遜遜見而駭怖讖曰宜潔誠齋戒神咒驅之乃讀咒三日謂遜曰鬼北去矣既而北境之外疫死萬數遜益敬待禮遇彌崇會魏虜主託跋燾聞其道術遣使迎請且告遜曰若不遣讖便卽加兵遜自揆國弱難以拒命兼慮讖多術或爲魏

謀已進退惶惑乃密計除之初讖譯出涅槃卷數已定而外國沙門曇無發云此經品未盡讖嘗慨然誓必重尋蒙遜因其行志乃僞資發遣厚贈寶貨未發數日乃流涕告衆曰讖業對將至衆聖不能救矣以本有心誓義不容停行四十里遜密遣刺客害之時年四十九衆咸慟惜焉後道場寺慧觀志欲重求後品以高昌沙門道普嘗遊外國善能梵書解六國語宋元嘉中啓文帝資遣道普將書吏十人西行尋經至長廣郡舶破傷足因疾遂卒普臨終歎曰涅槃後分與宋地無緣矣

佛馱跋陀傳第四

佛馱跋陀晉言佛賢北天竺人也五歲而孤十七出家與同學數人誦經衆皆一月佛賢一日誦畢其師歎曰佛賢一日敵三十夫也及受具戒修業精勤博學群經多所通達少以禪律馳名嘗與同學僧伽達多共遊罽賓同處積載達多雖服其才明而未測其人也後於禪室見佛賢神變乃敬心祈問方知得不還果常欲遊方弘化備觀風俗會沙門智嚴至西域遂請徂東於是杖錫跋涉經歷三年路由雪山備極艱阻既而中路附舶循海而行經一島下以手指山

曰可止於此舶主曰客行惜日調風難遇不可停也行二百餘里風忽轉吹舶還向島下衆人方悟其神咸師事之聽其進止後遇便風同侶皆發佛賢曰不可動舶主乃止既而先發之舶一時覆敗後於闇夜之中忽令衆舶俱發無肯從者佛賢自起收纜唯一舶獨發俄爾賊至留者悉被抄害頃之至青州東萊郡聞鳩摩羅什在長安即往從之什大欣悅共論法相振發玄緒多有妙旨因謂什曰君所釋不出人意而致高名何耶什曰吾年老故爾何必能稱美談什每有疑義必共諮決時僞秦主姚興專志經法供養

三千餘僧並往來宮闕盛修人事唯佛賢守靜不與衆同後語弟子云我昨見本鄉有五舶俱發既而弟子傳告外人關中舊僧道恒等以爲顯異惑衆乃與三千僧擯遣佛賢驅逼令去門徒數百並驚懼奔散乃與弟子慧觀等四十餘人俱發神志從容初無異色識眞者咸共歎惜白黑送者數千人興尋悵恨遣使追之佛賢謝而不還先是廬山釋慧遠久服其風乃遣使入關致書祈請後聞其被斥乃致書與姚主解其擯事欲迎出禪法頃之佛賢至廬山遠公相見欣然傾蓋若舊自夏迄冬譯出禪數諸經佛賢志在

遊化居無求安以義熙八年遂適荆州遇外國船主既而訊訪果是天竺五船先所見者也傾境士庶競來禮事其有奉施悉皆不受持鉢分衛不問豪賤時陳郡袁豹爲宋武帝太尉長史在荆州佛賢將弟子慧觀詣豹乞食豹素不敬信待之甚薄未飽辭退豹曰似未足且復小留佛賢曰檀越施心有限故令所設已罄豹即呼左右益飯飯果盡豹大慙愧而問慧觀曰此沙門何如人觀荅曰德量高邈非凡人所測豹深歎異以啓太尉太尉請與相見甚崇敬之資供備至俄而太尉還都請與俱歸安止道場寺佛賢儀軌

率素不同華俗而志韻清遠雅有淵致京都法師僧
弼與名德沙門寶林書曰鬭場禪師甚有天心便是
天竺王何風流人也其見稱如此先是支法領於于
闐國所得華嚴經梵本三萬六千偈未有宣譯到義
熙十四年吳郡內史孟顗右衛將軍褚叔度即請佛
賢爲譯匠乃手執梵文共沙門慧嚴慧義等百有餘
人於道場寺譯詮定文旨會通華梵妙得經體故道
場寺猶有華嚴堂焉其先後所出六卷泥洹新無量
壽大方等如來藏菩薩十住本業出生無量門持淨
六波羅蜜新微密持禪經觀佛三昧經凡十一部並

究其幽旨妙盡文意以元嘉六年卒春秋七十有一

求那跋摩傳第五

求那跋摩宋言功德鎧罽賓王之支胤也跋摩年十五捨家爲沙彌師僧見其俊悟咸敬異之其性仁慈謙恭率由而至既受具戒誦經百餘萬言深明律品既總學三藏故因以爲號焉年至三十罽賓王薨絶無紹嗣人以其王種議欲立之跋摩慮被逼勸乃遠到師子國觀風弘教識眞之衆咸稱其已得初果後至南海闍婆國啓悟邪惑化流海表闍婆王爲立精舍師禮事之山多猛獸屢害居民跋摩乃請移居山

中虎豹馴服暴害遂絶宋文帝遠聞其風敕交州刺史稱旨迎致京邑名僧慧嚴慧觀等附信修虔并與王書屈請弘法闍婆崇爲國師久之不遣跋摩志遊江東終不肯留以元嘉八年正月至都即住祇洹寺文帝引見勞問屢設供施頃之於祇洹譯出衆經菩薩地曇無德羯磨優婆塞五戒略論三歸及優婆塞二十二戒初元嘉三年徐州刺史王仲德於彭城請外國沙門伊葉波羅譯出雜心至擇品未竟而緣礙遂輟至是乃更請跋摩於寺重更校定正其文旨弘道宣法遠近歸之貴賤禮覲車馬相繼其年九月二

十八日食畢未唱隨意先起還閤其弟子後至奄然已終春秋六十有五初未終之前預造遺文頌偈三十六行自說因緣云已證二果密封席下莫有知者終後方見焉卽扶坐繩床顏貌不異似若入定道俗赴者千有餘人並聞香氣芬烈殊常咸見一物狀若龍蛇長可一疋起於屍側直上衝天莫能名者卽於南林戒壇前依外國闍毗葬法會葬萬餘人妓樂旛華四面雲集香薪爲積白黑至者皆灌以香油旣而燔之五色焰出是時天景澄朗道俗哀歎仍於其處起白塔焉

僧伽跋摩傳第六

僧伽跋摩齊言僧鎧天竺人也少而棄俗清峻有戒德明解律藏尤精雜心以宋元嘉十年自一步流沙至于京都風宇宏肅道俗敬異咸宗而事之號曰三藏法師初景平元年平陸令許桑捨宅建刹因名平陸寺後道場慧觀以跋摩道行純備請住此寺崇其供養以表厥德跋摩共觀加塔三層行道諷誦日夜不輟僧衆歸集道化流布初三藏法師深明戒品將爲影福寺尼慧果等重受具戒是時二衆未備而三藏遷化俄而師子國比丘尼鐵薩羅等至都衆乃共

請跋摩爲師繼軌三藏祇洹慧義執意不同評論翻覆跋摩標宗顯法理證明允慧義遂迴心剛褊靡然推服乃率其弟子服膺禀戒僧尼受者數百許人宋彭城王義康崇其戒範廣設齋供四衆殷盛傾于京邑頃之名德大僧慧觀等以跋摩妙解雜心諷誦通達即以其年九月乃於長干寺招集學士更請出焉寶雲譯語觀公筆受研校精悉周年方訖續出摩得勒伽分別業報略勸發諸王要偈及請聖僧浴文凡四部跋摩遊化爲志不滯一方既傳經事畢將還本國衆咸祈止莫之能留以元嘉中隨西域賈人船還

外國莫詳其終

曇摩蜜多傳第七

曇摩蜜多齊言法秀罽賓人也年六七歲神明澄正每見法事輒自然欣躍其親愛而異之遂令出家罽賓多出聖達屢值明師博貫群經特深禪法所得之要極甚微奧爲人沈邃有慧解儀軌詳整生而連眉故世稱連眉禪師焉少好遊方誓志宣化周歷諸國遂適龜茲未至一日王夢神告曰有大福德人明當入國汝應供養明旦卽勑外司若有異人入境必馳奏聞俄而禪師果至王自出郊迎延請入宮遂從稟

戒盡四事之供禪師安而能遷不滯利養居數年蜜
有去志神又降夢曰福德人捨王去矣王惕然驚覺
既而君臣固留莫之能止遂度流沙進到燉煌於曠
野之地建立精舍植㮈千株房閣池林極爲嚴淨頃
之復適涼州仍於公府舊寺更榮堂房學徒濟濟禪
業甚盛常以江左王畿志欲傳法以宋元嘉元年展
轉至蜀俄而出峽停止荆州於長沙寺造立禪館居
頃之沿流東下至于京師卽住祇洹寺其道聲素著
傾都禮訊自宋文袁皇后及皇子公主莫不設齋桂
宮請戒椒掖參候之使旬日相屬卽於祇洹寺譯出

諸經禪法要普賢觀虛空藏觀凡三部經常以禪道
教授或千里諮受四輩遠近皆號大禪師焉會稽太
守孟顗深信眞諦以三寶爲已任素好禪味敬心慇
重及臨浙河請與同遊乃於鄮縣之山建立塔寺東
境舊俗多趣巫祝及妙化所移比屋歸正自西徂東
無思不服後還都憩定林下寺禪師天性凝靜雅愛
山水以爲鍾山鎮岳埒美嵩華常歎下寺基構未窮
形勝於是乘高相地揆卜山勢斬石刊木營建上寺
殿房禪室肅然深遠實依俙鷲巖髣髴祇樹矣於是
息心之衆萬里來集諷誦肅邕望風成化定林達禪

師卽神足弟子弘其敎軌聲震道俗故能淨化久而莫渝勝業崇而弗替蓋禪師之遺烈也爰自西域至于南土凡所遊履靡不興造檀會梵集僧不絕書轉法敷教寺無虛月初禪師之發罽賓也有迦毗羅神王衛送禪師遂至龜兹於中路欲返乃現形告辭禪師曰汝神力通變自在遊處將不相隨共往南方語畢卽收影不見遂遠從至楊都故仍於上寺圖像著壁迄至于今猶有聲影之驗潔誠祈福莫不享願以元嘉十九年七月六日卒于上寺春秋八十有七道俗四部行哭相趍仍塟于鍾山宋熈寺前

求那跋陀羅傳第八

求那跋陀羅齊言功德賢中天竺人也以大乘學故世號摩訶衍本婆羅門種幼學五明諸論天文書筭醫方呪術靡不博貫後遇見阿毗曇雜心尋讀驚悟乃深崇佛法焉其家世外道禁絶沙門乃捨家潛遁遠求師匠即落髮改服專志學業乃受具戒博通三藏爲人慈和恭順事師盡勤頃之辭小乘師進學大乘大乘師試令探取經匣即得大品華嚴師喜而歎曰汝於大乘有重緣矣於是讀誦講義莫能酬抗進受菩薩戒法乃奉書父母勸歸正法曰若專守外道

則雖還無益若歸依三寶則長得相見其父感其至言遂棄邪從正跋陀前到師子諸國皆傳送資供既有緣東方乃隨舶汎海中塗風止淡水復竭舉船憂惶跋陀曰可同心并力念十方佛稱觀世音何往不感乃密誦咒經懇到禮懺俄而信風暴至密雲降雨一船蒙濟其誠感如此元嘉十二年至廣州時刺史車朗表聞宋文帝遣使迎接既至京都勑名僧慧嚴慧觀於新亭郊勞見其神情朗徹莫不虔敬雖因譯交言而欣若傾蓋初住祇洹寺俄而文帝延請深加崇敬瑯瑯顔延之通才碩學束帶造門於是京師遠

近冠蓋相望宋彭城王義康譙王義宣並師事焉頃之衆僧共請出經於祇洹寺集義學諸僧譯出雜阿含經東安寺出法鼓經後於丹陽郡譯出勝鬘楞伽經徒衆七百餘人寶雲傳譯慧觀執筆往復諮析妙得本旨後譙王鎮荆州請與俱行安止新寺更創殿房即於新寺出無憂王過去現在因果各一卷無量壽一卷泥洹央掘魔相續解脫波羅蜜了義第一義五相略八吉祥等諸經凡一百餘卷譙王欲請講華嚴等經而跋陀自忖未善宋語愧歎積旬即旦夕禮懺請乞冥應遂夢有人白服持劒擎一人首來至其

前曰何故憂耶跋陀具以事對答曰無所多憂卽以
劒易首更安新頭語令廻轉曰得無痛耶答曰不痛
豁然便覺心神喜悅旦起言義皆備領宋語於是就
講弟子法勇傳譯僧念爲都講雖因譯人而玄解往
復元嘉將末譙王屢有怪夢跋陀答以京都將有禍
亂未及一年而二凶構逆及孝建之初譙王陰謀逆
節跋陀顏容憂慘而未及發言譙王問其故跋陀諫
爭懇切乃流涕而言曰必無所冀貧道不容扈從譙
王以其物情所信乃逼與俱下梁山之敗火艦轉迫
去岸懸遠判無濟理唯一心稱觀世音手捉節竹杖

投身江中水齊至膝以杖刺水水深流駛見一童子尋後而至以手牽之顧謂童子汝小兒何能度我恍惚之間覺行十餘步仍得上岸即脫納衣欲賞童子顧覓不見舉身毛竪方知神力焉時王玄謨督軍梁山奔武勑軍中得摩訶衍善加料理驛信送臺俄而尋得合舸送都孝武即時引見顧問委曲曰企望日久今始相遇跋陀對曰既染疊戾分爲灰粉今得接見重荷生造勑問並誰爲賊答曰出象之人不預戎事然張暢宗靈秀等並是驅逼貧道所明但不圖宿緣乃逢此事孝武曰無所懼也是日勑住後堂供施

衣物給以人乘初跋陀在荆州十載每與譙王書疏無不記錄及軍敗簡檢無片言及軍事者孝武明其純謹益加禮遇後因閑談聊戲問曰念丞相不答曰受供十年何可忘德今從陛下乞願願爲丞相三年燒香帝悽然動容義而許焉及中興寺成勑令移住令開三間房後於東府讌會王公畢集勑見跋陀時未及淨髮白首皓然孝武遥望顧語尚書謝莊曰摩訶衍聰明機解但老期已至朕試問之其必悟人意也跋陀上階因迎謂之曰摩訶衍不負遠來之意但有一在卽應聲答曰貧道遠歸帝京垂四十年天子

恩遇銜愧罔極但七十老病唯一死在帝嘉其機辯勑近御而坐舉朝屬目後於秣陵界鳳皇樓西起寺每至夜半輒有推戶而喚視不見人衆屢厭夢跋陀燒香呪曰汝宿緣居此我今起寺行道禮懺常爲汝等若住者爲護寺善神若不能居各隨所安既而道俗十餘人同夕夢見鬼神千數皆荷擔移去寺衆遂安大明七年天下亢旱祈禱山川累月無驗孝武請令祈雨必使有感如其無効不須相見跋陀答曰仰憑三寶陛下天威冀必降澤如其不獲不復重見即往北湖釣臺燒香祈請不復飲食默而誦經密加秘

呪明日晡時西北角雲起如車蓋日在桑榆風震雲合連日降雨明旦公卿入賀勑見慰勞䞋施相續跋陀自幼以來蔬食終身常執持香爐未嘗輟手每食竟轉分食飛鳥乃集手取食至明帝之世禮供彌盛到泰始四年正月覺體不平便預與明帝公卿告辭臨終之日延佇而望云見天華聖像禺中遂卒春秋七十有五明帝深加痛惜慰賻甚厚公卿會葬榮哀備焉

沮渠安陽侯傳第九

沮渠安陽侯者其先天水臨城縣胡人河西王蒙遜

之從弟也初蒙遜滅呂氏竊號涼州稱河西王焉安陽爲人強志疎通敏朗有智鑒涉獵書記善於談論幼禀五戒銳意内典所讀衆經即能諷誦常以爲務學多聞大士之盛業也少時嘗度流沙到于闐國於衢摩帝大寺遇天竺法師佛陀斯那諮問道義斯那本學大乘天才秀出誦半億偈明了禪法故西方諸國號爲人中師子安陽從受禪要祕密治禪病經因其梵本口誦通利既而東歸於高昌郡求得觀世音彌勒二觀經各一卷及還河西即譯出禪要轉爲漢文居數年魏虜託跋燾伐涼州安陽宗國殄滅遂東

奔于宋晦志卑身不交世務常遊止塔寺以居士自
畢初出彌勒觀世音二觀經丹楊尹孟顗見而善之
請與相見一面之後雅相崇愛亟設供饌厚相優贍
至孝建二年竹園寺比丘尼慧濬聞其諷誦禪經請
令傳寫安陽通習積久臨筆無滯旬有七日出爲五
卷其年仍於鍾山定林上寺續出佛母泥洹經一卷
安陽居絶妻孥無欲榮利從容法侶宣通經典是以
京邑白黑咸敬而嘉焉以大明之末遘疾而卒時有
外國沙門功德直者不知何國人以宋大明中遊方
至荆州寓禪房寺沙門玄暢請其譯出念佛三昧經

六卷及破魔陀羅尼停荆歴年後不知所終

求那毗地傳第十

求那毗地中天竺人也弱齡從道師事天竺大乘法師僧伽斯聰慧強記勤於諷習所誦大小乘經十餘萬言兼學外典明解陰陽其候時逆占多有徵驗故道術之稱有聞西域建元初來至京師止毗耶離寺執錫從徒威儀端肅王公貴勝迭相供請焉初僧伽斯於天竺國抄集修多羅藏十二部經中要切譬喻撰爲一部凡有百事以教授新學毗地悉皆通誦兼明義旨以永明十年秋譯出爲齊文凡十卷即百句

譬喻經也復出十二因緣及須達長者經各一卷自大明以後譯經殆絕及其宣流法寶世咸美之毗地爲人弘厚有識度善於接誘勤躬行道夙夜匪懈是以外國僧衆萬里歸集南海商人悉共宗事供贈往來歲時不絕性頗稸積富於財寶然營建法事已無利焉於建業淮側造正觀寺重閣層門殿房整飾養徒施化德業甚著以中興二年冬卒

出三藏記集傳卷第十六

出三藏記集傳卷第十七

梁　釋　僧　祐　撰

智猛法師傳第九

法勇法師傳第十

法祖法師傳第一

帛遠字法祖本姓萬氏河內人也父威達以儒雅知名州府辟命皆不行祖少發道心啓父出家辭理切至其父不能奪遂改服從道祖才思俊徹敏朗絶倫誦經日八九千言研味方等妙入幽微世俗墳籍多所該覽乃於長安造築精舍以講習爲業白黑宗稟受幾出千人晉惠之末太宰河間王顒鎭關中虛心敬重待以師友之禮每至閑辰靜夜輒談講道德于

時西府初建俊乂甚盛能言之士咸服其遠致祖見群雄交爭干戈方始志欲潛遁隴右以保雅操會南陽張光世孺爲涼州刺史鎮隴上祖與之俱行光以祖名德顯著衆望所歸欲令反俗爲巳僚佐祖固志不移由是結憾先是涼州人管蕃與祖論議屢爲祖所屈蕃深銜耻恨妄加讒構祖行至汧縣忽語諸道人及弟子曰我數日對當至便辭別作素書分布經像及資財都訖明晨詣光共語忤光意光使收之衆咸怪謂常不尒法祖曰我來畢對此宿命久結非今日事也乃呼十方佛法祖前身罪緣歡喜畢對願

從此以後與張光爲善知識無令受殺人之罪光遂害之五十奄然命終光後具聞其事方大惋恨初祖道化德聲被於數州崤函以西奉之若神戎晉嗟慟行路流涕隴上羌胡率精騎五千將欲迎祖西歸中路聞其遇害悲恨不及衆咸憤激欲復祖之讎光遣軍始上隴羌胡率輕騎逆戰生擒光斬之既雪怨耻稱善而還諸豪帥遂分祖屍骸各立寺廟而禮事焉晉太厚孫與公著道賢論以于帛七僧方竹林七賢以祖比嵇叔夜其見稱如此初祖譯出惟逮菩薩經一部又注首楞嚴經猶傳於世其所出諸經遭值亂

離故名錄空存

道安法師傳第二

釋道安本姓衛常山扶柳人也年十二出家神性聰敏而形貌至陋不爲師之所重驅使田舍至于三年執勤就勞曾無怨色篤性精進齋戒無闕數歲之後方啓師求經師與辯意經一卷可五千餘言安賫經入田因息尋覽暮歸以經還師復求餘經師曰昨經不讀今復求耶對曰即已闇誦師雖異之而未信也復與成具光明經一卷可減萬言賫之如初暮復還師師執經覆之不差一字師大驚嗟敬而異之後爲

受具戒恣其遊方至鄴入中寺遇佛圖澄澄見而嗟歎與語終日衆見其形望不稱咸共輕恠澄曰此人遠識非介儔也初經出已久而舊譯時謬致使深義隱没未通每至講說唯叙大意轉讀而已安窮覽經典鉤深致遠其所注般若道行密迹安般諸經並尋文比句爲起盡之義及析疑甄解凡二十二卷序致淵富妙盡玄旨條貫既叙文理會通經義剋明自安始也又自漢暨晉經來稍多而傳經之人名字弗記後人追尋莫測年代安乃總集名目表其時人銓品新舊撰爲經錄衆經有據實由其功四方學士競往

師之受業弟子法汰慧遠等五百餘人及石氏之亂乃謂其衆曰今天災旱蝗寇賊從橫聚則不立散則不可遂率衆入王屋女機山頃之復渡河依陸渾山栖木食修學俄而慕容俊逼陸渾遂南投襄陽行至新野復議曰今遭凶年不依國主則法事難立又教化之體宜令廣布咸曰隨法師教乃令法汰詣楊州曰彼多君子好尚風流法和入蜀山水可以修閑安與弟子慧遠等五百餘人渡河夜行值雷雨乘電光而進前得人家見門裏有一雙馬栁栁間懸一馬篼可容一斛安便呼林伯升主人驚出果姓林名伯升

謂是神人厚相禮接既而弟子問何以知其姓字安曰兩木爲林篼容百升也遂住襄陽習鑿齒聞而詣之既坐而稱曰四海習鑿齒安曰彌天釋道安時人咸以爲名答鑿齒嘗餉安梨數十枚正值講坐便手自割分梨盡人遍無參差者高平郗超遣使送米千石修書累紙深致慇懃安答書曰損米彌覺有待之爲煩鑿齒與謝安書曰來此見釋道安故是遠勝非常道士師徒數百齋講不倦無變化技術可以惑常人之耳目無重威大勢可以整群小之參差而師徒肅肅自相尊敬洋洋濟濟乃是吾由來所未見其人

理懷簡衷多所博涉内外群書略皆遍覩陰陽筭數
亦皆能通佛經故最是所長作義乃似法蘭法祖輩
統以大無不肯稍齊物等智在方中馳騁也恨不使
足下見之其亦每言思得一見足下其爲時賢所重
如此安在樊沔十五載每歲常再遍講放光經未嘗
廢闕桓沖要出江陵朱序西鎮復請還襄陽苻堅素
聞其聲每云襄陽有釋道安是名器方欲致之以輔
朕躬後堅攻襄陽安與朱序俱獲於堅堅謂僕射權
翼曰朕以十萬之師取襄陽唯得一人半翼曰誰耶
堅曰安公一人習鑿齒半人也既至住長安城内五

重寺僧衆數千人大弘法化初魏晉沙門依師爲姓故姓各不同安以爲太師之本莫尊釋迦乃以釋命氏後獲增一阿鋡經果稱四河入海無復河名四姓爲沙門皆稱釋種既懸與經符遂爲後式焉安外涉群書善爲文章長安中衣冠子弟爲詩賦者皆依附致譽與學士楊弘仲論詩風雅皆有理致初堅承石氏之亂至是民戸殷富四方略定唯有東南一隅未能抗服堅每與侍臣談話未嘗不欲平一江左欲以晉帝爲僕射謝安爲侍中堅弟平陽公融及朝臣石越原紹並切諫終不能廻衆以安爲堅所敬信乃共

請曰主上將有事東南公何能不爲蒼生致一言耶會堅出東苑命安昇輿同載僕射權翼諫曰臣聞天子法駕侍中陪乘道安毀形寧可參廁乘輿堅懍然作色曰安公道德可尊朕將舉天下而不易雖輿輦之榮乃是爲其臭腐耳即勑翼扶之而登輿俄而顧謂安公曰朕將與公南遊吳越整六師而巡狩陟會稽而觀滄海不亦樂乎安對曰檀越應天御世有八州之富居中土而制四海宜棲神無爲與堯舜比隆今欲以百萬之衆求厥田下下之土且東南地卑氣癘昔舜禹遊而不反秦皇適而弗歸以貧道觀之非

愚心所同也平陽公懿戚石越重臣並謂不可猶尚見拒貧道輕淺言必不允既荷厚遇敢不盡誠耳堅曰非爲地不廣民不足治也將簡天心明大運所在耳順時巡狩亦著前典若如來言則帝王無省方之文乎安曰若鑾駕必動可暫幸洛陽抗威畜鋭傳檄江南如其不服伐之未晚堅不從遂遣平陽公融等精鋭二十五萬爲前鋒堅躬率步騎六十萬到項晉遣征虜將軍謝石徐州刺史謝玄距之堅軍大潰晉軍還逐北三十餘里死者相枕融馬倒殞首堅單騎而遁如所諫焉堅尋爲慕容沖所圍時安同在長安

城内以僞建元二十一年二月八日齋畢無疾而卒塟五級寺中未終之前隱士王嘉往候安安曰世事如此行將及人相與去乎嘉曰誠如所言師且前行吾有小債未了不得俱去及姚萇之得長安也嘉故在城内萇與符登相持甚久萇患之問嘉曰吾得天下不答曰略得萇怒曰得當言得何略之有遂之斬嘉所謂負債者也萇死其子略方得殺堅稱常所謂略得者也嘉自子年隴西人形貌鄙陋似若不足滑稽好語笑然不食五穀清虚服氣咸宗而事之往問善惡嘉隨而應答語則可笑狀如調戲辭似讖記不

可領解事過皆驗及嘉之死其日有人於隴上見之法師之潛契神人皆此類也初安聞羅什在西域思共講析微言安勸堅取之什亦遠聞其風謂是東方聖人恒遥而禮之初安生便左臂上有一皮廣寸許著臂如釧捋可得上下唯不得出手而已時人謂之印手菩薩安終後二十六年而什方至什恨不相見甚悲悵焉初安篤志經典務在宣法所請外國沙門僧伽跋澄曇摩難提及僧伽提婆等譯出衆經百餘萬言常與沙門法和銓定音字詳覈文旨新出衆經於是獲正孫興公爲名德沙門論目云釋道安博物

多才通經明理其見述於世如此釋法和冀州人凝静有操行少與安公同師受學善能標明論綱解悟凝滯安公所得群經常共校之後遊洛陽又請提婆重出廣説等經居陽平寺年八十餘爲僞晉公姚緒所請集僧齋講勑其弟子曰俗網煩惱苦累非一無常甚樂乃整衣服繞咨禮拜還詣座所以衣裳首忽然而卒時人謂之知命

慧遠法師傳第三

釋慧遠本姓賈鴈門樓煩人也弱而好書珪璋秀發年十三隨舅令狐氏遊學許洛故少爲諸生傳綜六

經尤善老莊情度弘偉風鑒朗拔雖宿儒才彥莫不服其深致焉年二十一欲渡江東就范宣子共契嘉遁值王路屯阻有志不果乃於關左遇見安公一面盡敬以爲眞吾師也遂投簪落髮委質受業既入乎道厲然不群常欲揔攝綱維以大法爲已任精思諷持以夜續晝沙門曇翼每給以燈燭之費安公聞而喜曰道士誠知人矣遠藉慧解於前因資勝心於曠劫故能神明英越機鑒遐深無生實相之玄般若中道之妙卽色空慧之秘緣門寂觀之要無微不析無幽不暢志共理冥言與道合安公常歎曰使道流東

國其在遠乎後隨安公南遊樊沔晉太元之初襄陽失守安公入關遠乃遷于潯陽葺宇廬岳江州刺史桓伊爲造殿房此山儀形九派峻聳天絶棲集隱淪吐納靈異遠創造精舍洞盡山美郤負香鑪之峰傍帶瀑布之壑仍石壘基即松栽構清泉環階白雲滿室復於寺內别置禪林森樹煙凝石逕苔合凡在瞻禮皆神清而氣肅焉遠聞北天竺有佛影欣感交懷乃背山臨流營築龕室妙算畫工淡采圖寫色凝積空望似輕霧暉相炳㬌若隱而顯遂傳寫京都莫不嗟歎於是率衆行道昏曉不絶釋迦餘化於斯復興

既而謹律息心之士絶塵清信之賓並不期而至望風遥集彭城劉遺民鴈門周續之新蔡畢潁之南陽宗炳並棄世遺榮依遠遊止遠乃於精舍無量壽像前建齋立誓共期西方其文曰惟歲在攝提秋七月戊辰朔二十八日乙未法師釋慧遠貞感幽冥霜懷特發乃延命同志息心清信之士百有二十三人集於廬山之陰般若臺精舍阿彌陀像前率以香華敬薦而誓焉惟斯一會之衆夫緣化之理既明則三世之傳顯矣遷感之數既符則善惡之報必矣推交臂之潛淪悟無常之期切審三報之相推知嶮趣之難

拔此其同志諸賢所以夕惕宵勤仰思攸濟者也蓋
神者可以感涉而不可以迹求必感之有物則幽路
咫尺苟求之無主則渺茫河津今幸以不謀而僉心
西境叩篇開信亮情天發乃機象通於寢夢欣歡百
於子來於是靈圖表輝景侔神造功由理諧事非人
運茲實天啟其誠冥數來萃者矣可不剋心重精疊
思以凝其慮哉然其景績參差功福不一雖晨祈云
同名歸悠隔卽我師友之眷良可悲矣是以慨焉胥
命整襟法堂等施一心亭懷幽極誓茲同人俱遊絕
域其有驚出絕倫首登神界則無獨善於靈嶠忘兼

全於幽谷先進之與後昇勉思彙征之道然後妙覲天儀啓心貞照識以悟新形由化革藉芙蓉於中流蔭瓊柯以詠言飄雲衣於八極汎香風以窮年體忘安而彌穆心超樂以自怡臨三塗而緬謝傲天宮而長辭紹衆靈以繼軌指太息以爲期究兹道也豈不弘哉司從王謐護軍王黙等並欽慕風德遥致師敬謐修書曰年始四十七而衰同耳順荅曰古人不愛尺璧而重寸陰觀其所存似不在長年檀越既履順而遊性乘佛理以御心因此而推復何羨於遐齡耶想斯理久已得之爲復訓來訊耳初經流江東多有

未備禪法無聞律藏殘闕遠大存教本憤慨道缺乃命弟子法淨等遠尋衆經踰越沙雪曠載方還皆獲梵本得以傳譯每逢西域一賓輒懇惻諮訪屢遣使入關迎請禪師解其擯事傳出禪經又請罽賓沙門僧伽提婆出數經所以禪法經戒皆出廬山幾且百卷初關中譯出十誦所餘一分未竟而弗若多羅亡遠常慨其未備及聞曇摩流支入秦乃遣書祈請令於關中更出餘分故十誦一部具足無闕晉地獲本相傳至今慈外妙典關中勝說所以來集茲土者皆遠之力也外國衆僧咸稱漢地有大乘道士每至燒

香禮拜輒東向致敬其神理之跡固未可測也常以支竺舊義未窮妙實乃著法性論理奥文詣羅什見而歎曰邊國人未見經便闇與理合豈不妙哉遠翹勤弘道懍厲爲法每致書羅什訪覈經要什亦高其勝心萬里響契姚略欽想風名歎其才思致書慇懃信餉歲通贈以龜茲國細縷雜變石像以申欵心又令姚嵩獻其珠像釋論初出興送論并遣書曰大智度論新訖此既龍樹所作又是方等旨歸宜爲一序以宣作者之意然此諸道士咸相推謝無敢動手法師可爲作序以貽後之學者遠答云欲令作大智論

序以申作者之意貧道聞懷大非小者所容汲深非短綆所測披省之日有愧高命又體羸多病觸事有廢不復屬意已來其日亦久緣來告之重輒粗綴所懷至於研究之美當復寄諸明德其名高遠固如此遠嘗謂大智論文句繁積初學難尋乃刪煩剪亂令質文有體撰爲二十卷序致淵雅以貽學者後桓玄以震主之威苦相延致乃貽書聘說勸令登仕遠答辭堅正確乎不拔志逾丹石終莫能屈俄而玄欲沙汰衆僧教僚屬曰沙門有能申述經誥暢說義理或禁行循整足以宣寄大化其有違於此皆悉罷遣唯

盧山道德所居不在搜簡之例初成帝時庾氷輔政以爲沙門宜敬王者尚書令何充奏不應敬禮官議悉同充等門下承氷旨爲駮同異紛然竟莫能定及玄在姑孰欲令盡敬乃書與遠具述其意遠懼大法將墜報書懇切以爲袈裟非朝宗之服鉢盂非廊廟之器又著沙門不敬王者論辭理精峻玄意感悟遂不果行其荷持法任皆此類也臨川太守謝靈運負才傲俗少所推崇及一相見肅然心服自卜居盧阜三十餘載影不出山跡不入俗故送客遊履常以虎溪爲界焉義熙末卒于盧山精舍春秋八十有三遺

命露骸松下同之草木旣而弟子收葬謝靈運造碑基側銘其遺德焉初遠善屬文章辭氣清越席上談論精義簡要加以儀容端雅風彩灑落故圖像于寺遐邇式瞻所著論序銘讚詩書集爲十卷五十餘篇並見重於世

道生法師傳第四

竺道生彭城人也家世仕子父爲廣戚令鄉里稱爲善人生幼而穎慧聰悟若神其父知非凡器愛而異之于時法汰道人德業弘懿乃攜以歸依遂改服受學旣踐法門俊思卓拔披讀經文一覽能誦研味句

義卽自解說是以年在志學便登講座探賾索隱思徹淵泉吐納問辯辭清珠玉雖宿望學僧當世名士皆慮挫辭窮莫能抗敵雖楊童之豫玄文魯連之屈田巴無以過也年至具戒器鑒日躋講演之聲遍於區夏王公貴勝並聞風造席庶幾之士皆千里命駕生風雅從容善於接誘其性烈而溫其氣清而穆故豫在言對莫不披心焉初住能光寺下帷專業隆安中移入廬山精舍幽棲七年以求其志常以爲入道之要慧解爲本故鑽仰群經斟酌雜論萬里隨法不憚嶮遠遂與始興慧叡東安慧嚴道場慧觀同往長

安從羅什受學關中僧衆咸稱其秀悟義熈五年還都同停京師遊學積年備總經論妙貫龍樹大乘之源兼綜提婆小道之要博以異聞約以一致乃喟然而歎曰夫象以盡意得意則象忘言以寄理入理則言息自經典東流譯人重阻多守滯文鮮見圓義若忘筌取魚則可與言道矣於是校練空有研思因果乃立善不受報及頓悟義籠罩舊說妙有淵旨而守文之徒多生嫌嫉與奪之聲紛然互起又六卷泥洹先至京都生剖析佛性洞入幽微乃說阿闡提人皆得成佛于時大涅槃經未至此土孤明先發獨見迕

衆於是舊學僧黨以爲背經邪說譏忿滋甚遂顯於大衆擯而遣之生於四衆之中正容誓曰若我所說反於經義者請於現身卽表癘疾若與實相不相違背者願捨壽之時據師子座言竟拂衣而逝星行命舟以元嘉七年投跡廬岳銷影巖阿怡然自得山中僧衆咸共敬服俄而大涅槃經至于京都果稱闡提皆有佛性與前所說若合符契生旣獲斯經尋卽建講以宋元嘉十一年冬十月庚子於廬山精舍昇于法座神色開明德音駿發論議數番窮理盡妙觀聽之衆莫不悟悅法席將畢忽見麈尾紛然而墜端坐

正容隱凡而卒顔色不異似若入定道俗嗟駭遠近悲涼於是京邑諸僧内慙自疚追而信服其神鑒之至徵瑞如此仍瘞于廬山之阜初生與叡公及嚴觀同學齊名故時人評曰生叡發天眞嚴觀窪流得慧義憉悙進寇淵于嘿塞生及叡公獨標天眞之目固已秀出群士矣初沙門法顯於師子國得彌沙塞律梵本未及譯出而亡生以宋景平元年十一月於龍光寺請罽賓律師佛大什執梵文于闐沙門智勝爲譯此律照明蓋生之功也關中沙門僧肇始註維摩世咸翫味及生更發深旨顯暢新異講學之匠咸共

憲章其所述維摩法華泥洹小品諸經義疏世皆寶焉

佛念法師傳第五

竺佛念涼州人也弱年出家志業堅清外和内朗有通敏之鑒諷習衆經粗涉外學其蒼雅詁訓尤所明練少好遊方備貫風俗家世西河洞曉方語華梵音義莫不兼解故義學之譽雖闕而洽聞之聲甚著符堅僞建元之中外國沙門僧伽跋澄及曇摩難提入長安堅秘書郎趙政請跋澄出婆須蜜經梵本當時名德莫能傳譯衆咸推念於是澄執梵文念譯漢語

質斷疑義音字方明曇摩難提又出王子法益壞目因緣經念爲宣譯并作經序至建元二十年政復請曇摩難提出增一阿鋡及中阿鋡於長安城內集義學沙門請念爲譯敷析研覈二載乃訖二鋡光顯念之力也至姚興弘始之初經學甚盛念續出菩薩瓔珞十住斷結及出曜胎經中陰經於符姚二代爲譯人之宗自世高支謙以後莫踰於念關中僧衆咸共嘉焉後卒於長安遠近白黑莫不歎惜

法顯法師傳第六

釋法顯本姓龔平陽武陽人也顯有三兄並齠齔而

亡其父懼禍及之三歲便度爲沙彌居家數年病篤欲死因送還寺信宿便差不復肯歸母欲見之不能得爲立小屋於門外以擬去來十歲遭父憂叔父以其母寡獨不立逼使還俗顯曰本不以有父而出家也正欲遠塵離俗故入道耳叔父善其言乃止頃之母喪至性過人葬事既畢仍即還寺嘗與同學數十人於田中刈稻時有饑賊欲奪其穀諸沙彌悉奔走唯顯獨留語賊曰若欲須穀隨意所取但君等昔不布施故此生饑貧今復奪人恐來世彌甚貧道預爲君憂故相語耳言訖即還賊棄穀而去衆僧數百人

莫不歎服二十受大戒志行明潔儀軌整肅常慨經律舛闕誓志尋求以晉隆安三年與同學慧景道整慧應慧嵬等發自長安西度沙河上無飛鳥下無走獸四顧茫茫莫測所之唯視日以准東西人骨以標行路耳屢有熱風惡鬼遇之必死顯任緣委命直過險難有頃至葱嶺嶺冬夏積雪有惡龍吐毒風雨沙礫山路艱危壁立千仞昔有人鑿石通路傍施梯道凡度七百餘梯又躡懸緪過河數十餘處仍度小雪山遇寒風暴起慧景噤戰不能前語顯云吾其死矣卿可時去勿得俱殞言絶而卒顯撫之號泣曰本圖

不果命也奈何復自力孤行遂過山險凡所經歷三十餘國至北天竺未至王舍城三十餘里有一寺逼暮仍停明旦顯欲詣耆闍崛山寺僧諫曰路甚艱嶮且多黑師子亟經噉人何由可至顯曰遠涉數萬誓到靈鷲寧可使積年之誠既至而廢耶雖有嶮難吾不懼也衆莫能止乃遣兩僧送之顯既至山中日將曛夕遂欲停宿兩僧危懼捨之而還顯獨留山中燒香禮拜翹感舊跡如覩聖儀至夜有三黑師子來蹲顯前舐脣搖尾顯誦經不輟一心念佛師子乃低頭下尾伏顯足前顯以手摩之呪曰汝若欲相害待我

誦竟若見試者可便退去師子良久乃去明晨還反路窮幽深榛木荒梗禽獸交横正有一逕通行而已未至里餘忽逢一道人年可九十容服麁素而神氣儁遠雖覺其韻高而不悟是神人須臾進前逢一年少道人顯問向逢一老道人是誰耶答曰頭陀弟子大迦葉也顯方惋慨良久旣至山前有一大石横塞室口遂不得入顯乃流涕致敬而去又至迦施國精舍裏有白耳龍與衆僧約令國内豐熟皆有信効沙門爲起龍舍并設福食每至夏坐訖日龍輒化作一小虵兩耳悉白衆咸識是龍以銅盂盛酪置於其中

從上座至下行之遍乃化去年輒一出顯亦親見此
龍後至中天竺於摩竭提巴連弗邑阿育王塔南天
王寺得摩訶僧祇律又得薩婆多律抄雜阿毗曇心
綖經方等泥洹等經顯留三年學梵書梵語躬自書
寫於是持經像寄附商客到師子國顯同旅十餘或
留或亡顧影唯已常懷悲慨忽於玉像前見商人以
晉地一白團扇供養不覺悽然下淚停二年復得彌
沙塞律長阿含雜阿含及雜藏本並漢土所無既而
附商人大舶還東舶有二百許人值大暴風舶壞水
入衆人惶怖即取雜物棄之顯恐商人棄其經像唯

一心念觀世音及歸命漢土衆僧大風晝夜十三日吹舶至島下治舶竟前時陰雨晦冥不知何之唯任風而已若值伏石及賊萬無一全行九十日達耶婆提國停五月日復隨他商侶東趣廣州舉帆月餘日中夜忽遇大風舉舶震懼衆共議曰坐載此沙門使我等狼狽不可以一人故令一衆俱亡欲推棄之法顯檀越厲聲呵商人曰汝若下此沙門亦應下我不尒便當見殺漢地帝王奉佛敬僧我至彼告王必當罪汝商人相視失色僶俛而止既水盡粮竭唯任風隨流忽至岸見藜藿菜依然知是漢地但未測何方

即乘小舶入浦尋村遇獵者二人顯問此何地耶獵人曰是青州長廣群牢山南岸獵人還以告太守李嶷嶷素敬信忽聞沙門遠至躬自迎勞顯持經像隨還頃之欲南歸時刺史請留過冬顯曰貧道投身於不返之地志在弘通所期未果不得久停遂南造京師就外國禪師佛馱跋陀羅於道場寺譯出六卷泥洹摩訶僧祇律方等泥洹經綖經雜阿毗曇心未及譯者垂有百萬言顯既出大泥洹經流布教化咸使見聞有一家失其姓名居近楊都朱雀門世奉正化自寫一部讀誦供養無別經室與雜書共屋後風火

忽起延及其家資物皆盡唯泥洹經儼然具存煨燼不侵卷色無異楊州共傳咸稱神妙後到荊州卒于新寺春秋八十有二衆咸慟惜其所聞見風俗別有傳記

智嚴法師傳第七

釋智嚴不知何許人弱冠出家便以精勤著名納衣宴坐蔬食永歲志欲廣求經法遂周流西域進到罽賓遇禪師佛馱跋陀羅志欲傳法中國乃竭誠要請跋陀嘉其懇至遂共東行於是踰涉雪山寒苦嶮絕飲冰茹木頻於危殆綿歷數載方達關中常依隨跋

陀止於長安大寺頃者跋陀橫爲秦僧所擯嚴與西來徒衆並分散出關仍憩山東精舍坐禪誦經力精修學晉義熙十二年宋武帝西伐長安尅捷旋斾塗出山東時始興公王恢從駕遊觀山川至嚴精舍見其同志三僧各坐繩床禪師湛然恢至良久不覺於是彈指三人開眼俄而還閉不與交言恢心敬甚奇訪諸耆老皆云此三僧隱居積年未嘗出山恢卽啓宋武延請還都莫肯行者屢請懇至二人推嚴隨行恢道懷素篤禮事甚備遠都卽住始興寺嚴性虛靜志避囂塵恢乃於東郊之際更起精舍卽枳園寺也

嚴前還於西域得梵本衆經未及譯寫到宋元嘉四年乃共沙門寶雲譯出普耀廣博嚴淨及四天王凡三部經在寺不受別請遠近道俗敬而服之其未出家時嘗受五戒有所虧犯後入道受具足常疑不得戒每以爲懼積年禪觀而不能自了遂更汎海重到天竺諮諸明達値羅漢比丘具以事問羅漢羅漢不敢判決乃爲嚴入定往兜率宮諮彌勒彌勒答稱得戒嚴大喜躍於是步歸行至罽賓無疾而卒時年七十八外國之法得道僧無常與凡僧別葬一處嚴雖苦行絶倫而時衆未判其得道信否欲葬凡僧之墓

抗舉嚴喪承不肯起又益人衆不動如初衆咸驚怪
試改向得道墓所於是四人輿之行駛如風遂得窆
壟後嚴弟子智羽智達智遠從西域還報此消息訖
俱還外國

寶雲法師傳第八

釋寶雲未詳其氏族傳云涼州人也弱年出家精勤
有學行志韻剛潔不偶於世故少以直方純素爲名
而求法懇惻忘身徇道誓欲躬覲靈跡廣尋群經遂
以晉隆安之初遠適西域與法顯智嚴先後相隨涉
履流沙登踰雪嶺勤苦艱危不以爲難遂歷于闐天

竺諸國備覩靈異乃經羅刹之野聞天鼓之音釋迦影跡多所瞻禮雲在外域遍學梵書天竺諸國音字詁訓悉皆貫練後還長安隨禪師佛馱跋陀羅受業修道禪門孜孜不怠俄而禪師橫爲秦僧所擯徒衆悉同其咎雲亦奔散會廬山釋慧遠解其擯事共歸楊州安止道場寺僧衆以雲志力堅猛弘道絕域莫不披衿諮問敬而愛焉雲譯出新無量壽晚出諸經多雲所譯常手執梵本口宣晉語華梵兼通音訓允正雲之所定衆咸信服初關中沙門竺佛念善於宣譯於符姚二世顯出衆經江左練梵莫踰於雲故於

晉宋之際弘通法藏沙門慧觀等咸友而善之雲性好幽居以保閑寂遂適六合山寺譯出佛所行讚經山多荒民俗好草竊雲說法教誘多有改惡禮事供養十室而八九頃之道場慧觀臨卒請雲還都揔理寺任雲不得已而還居歲餘復還六合以元嘉二十六年卒春秋七十餘其所造外國別有記傳徵士豫章雷次宗爲其傳序

智猛法師傳第九

釋智猛雍州京兆郡新豐縣人也禀性端明礪行清白少襲法服修業專至諷誦之聲以夜續晝每見外

國道人說釋迦遺跡又聞方等衆經布在西域常慨然有感馳心遐外以爲萬里咫尺千載可追也遂以僞秦弘始六年戊辰之歲招結同志沙門十有五人發跡長安渡河順谷三十六渡至涼州城既而西出陽關入流沙二千餘里地無水草路絶行人冬則嚴厲夏則瘴疫人死聚骨以標行路驝駞負粮理極辛阻遂歷鄯鄯龜茲于闐諸國備觀風俗從于闐西南行二千里始登葱嶺而同侶九人退還猛遂與餘伴進行千七百餘里至波淪國三度雪山氷崖皓然百千餘仞飛絙爲橋乘虛而過窺不見底仰不見天寒

氣慘酷影戰寬慓漢之張騫甘英所不至也復南行
千里至罽賓國再渡辛頭河雪山壁立轉甚於前下
多瘴氣惡鬼斷路行者多死猛誠心冥徹履險能濟
既至罽賓城恒有五百羅漢住此國中而常往反阿
耨達池有大德羅漢見猛至止歡喜讚歎猛諮問方
土爲說四天子事具在其傳猛先於奇沙國見佛文
石唾壺又於此國見佛鉢光色紫紺四際盡然猛花
香供養頂戴發願鉢若有應能輕能重既而轉重力
遂不堪及下案時復不覺重其道心所感如此復西
南行千三百里至迦惟羅衛國見佛髮佛牙及肉髻

骨佛影佛跡炳然具在又覩泥洹堅固之林降魔菩提之樹猛喜心内充設供一日兼以寶蓋大衣覆降魔像其所遊踐究觀靈變天梯龍池之事不可勝數後至華氏城是阿育王舊都有大智婆羅門名羅閱宗舉族弘法王所欽重造純銀塔高三丈沙門法顯先於其家已得六卷泥洹及見猛問云秦地有大乘學不答曰悉大乘學羅閱驚歎曰希有希有將非菩薩往化耶猛就其家得泥洹梵本一部又尋得摩訶僧祇律一部及餘經梵本誓願流通於是便反以甲子歲發天竺同行四僧於路無常唯猛與曇纂俱還

於涼州譯出泥洹本得二十卷以元嘉十四年入蜀十六年七月七日於鍾山定林寺造傳猛以元嘉末卒

法勇法師傳第十

釋法勇者胡言曇無竭本姓李氏幽州黃龍國人也幼爲沙彌便修苦行持戒諷經爲師僧所敬異嘗聞沙門法顯寶雲諸僧躬踐佛國慨然有忘身之誓遂以宋永初之元招集同志沙門僧猛曇朗之徒二十有五人共賫旛蓋供養之具發跡此土遠適西方初至河南國仍出海西郡進入流沙到高昌郡經歷龜

茲沙勒諸國前登葱嶺雪山棧路險惡驢駝不通層氷峨峨絶無草木山多瘴氣下有大江浚急如箭於東西兩山之脇繫索爲橋相去五里十人一過到彼岸已舉烟爲幟後人見烟知前已度方得更進若久不見烟則知暴風吹索人墮江中行葱嶺三日方過復上雪山懸崖壁立無安足處石壁皆有故杙孔處處相對人各執四杙先拔下杙手攀上杙展轉相代三日方過乃到平地相待料檢同侶失十二人進至罽賓國禮拜佛鉢停歲餘學梵書竟便解梵語求得觀世音受記經梵文一部無竭同行沙門餘十三人

西行到新頭那提河漢言師子口緣河西入月氏國禮拜佛肉髻骨及覩自沸水船後至檀特山南石留寺住僧三百人雜三乘學無竭便停此寺受具足戒天竺沙門佛陀多羅此云佛救彼方衆僧云其已得道果無竭請爲和尚漢沙門志定爲阿闍梨於寺夏坐三月日復北行至中天竺曠絶之處常賫石蜜爲粮其同侶八人路亡五人俱行屢經危棘無竭所賫觀世音經常專心繫念進涉舍衛國中野逢山象一群無竭稱名歸命即有師子從林中出象驚怖奔走後渡恒河復値野牛一群鳴吼而來將欲害人無竭

歸命如初尋有大鷲飛來野牛驚散遂得免害其誠心所感在嶮克濟皆此類也後於南天竺隨舶汎海達廣州所歷事跡別有記傳其所譯出觀世音受記經今傳于京師後不知所終

出三藏記集傳卷第十七

虞郎分

常熟信士毛晉捐資刻
出三藏記集全部
東湖信士殷時衡　毛晉　同對
崇禎癸未仲春虞山華嚴閣識

記十五卷
共字十五萬二千五百二十一箇
計寫銀六兩一錢
計刻銀五十三兩三錢九分
共板二百二十三塊
計工價銀十一兩一錢五分
中山魏邦泰書
溧水楊可澮刻

出三藏記集傳下卷第十